Morgenstern zum Vergnügen

Morgenstern zum Vergnügen

»Das Mondschaf steht auf weiter Flur«

Herausgegeben von
Frank Möbus

Mit 9 Abbildungen

Philipp Reclam jun. Stuttgart

RECLAMS UNIVERSAL-BIBLIOTHEK Nr. 18605

Umschlaggestaltung: Stefan Schmid Design, Stuttgart
Gesamtherstellung: Reclam, Ditzingen. Printed in Germany 2009

ISBN 978-3-15-018605-3

www.reclam.de

Inhalt

Vorwort

Fisches Nachtgesang dürfte zu Christian Morgensterns bekanntesten Gedichten zählen, und doch stellt es einen Herausgeber vor ein unlösbares Problem: Wie sollte man es in einem Register einordnen, das nicht nur die Gedichtüberschriften, sondern auch deren Anfänge verzeichnet? Hebt es doch an mit einem » — «, dem » ◡◡ « und dann, so viel wie nichts-sagend, » — — — « folgen. Was tun? Nichts.

Da bleibt das Register also so stumm wie der sprichwörtliche Fisch, für den Morgenstern (gleichwohl er ihn stimmlos bleiben ließ) eigens das passende lyrische Handwerkszeug erfand.

Dieser war überhaupt ein großer Erfinder, ob der Rabensprache (*Liebeserklärung des Raben Ralf an die Räbin Louise Broxak*, S. 57), des Prä-Dadaismus (*Das große Lalulā*, S. 71) oder der wundersamen Dinge, die Korff und Palmström ersinnen (z. B. die *Tagnachtlampe*, S. 94). Seine Tierwelt wimmelt von Wesen, die der uns bekannten Evolution mal laut, mal leise spotten (*Das Nasobēm*, S. 69, die »Schokoladenschlange«, S. 74); der »kategorische Komparativ« (S. 114) sucht in der Grammatik ebenso vergeblich seinesgleichen wie die vergnügliche Lektion in Sachen Deklination, die der Dorfschullehrer dem *Werwolf* erteilt (S. 30). Man könnte auf die Idee verfallen, Morgenstern sei ein froh- und leicht-sinniger Spaßvogel gewesen, der nichts und niemand für ernst nahm, schon gar nicht die hohen Töne der Literatur.

Dieser Gedanke würde entschieden in die Irre führen. Doch genau diesem Vorurteil scheint ein nicht eben kleiner Teil der Leserschaft verhaftet zu sein, und damit wäre ein Problem der Morgenstern-Rezeption beschrieben, das deutlich schwerer wiegt als dasjenige der gehörigen Indizierung von » — « und » ◡ «. Man nimmt diesen Dichter – jedenfalls noch immer allzu oft – nicht ernst.

Der seit Jugendjahren chronisch kranke Dichter verdankte seinen Witz wohl auch seiner oft leidgeplagten persönlichen Geschichte. »Humor«, schrieb er, ist »die schwerste aller Weltbetrachtungen; denn er lehrt uns das tiefste Leid und Elend nur als eine Phase aufzufassen, die, aus dem Zusammenhang des Weltlebens gerissen, für sich allein keine absolute Beurteilung gestattet« (S. 119).

Die Lektüre von Goethe, Schopenhauer, Nietzsche und Lagarde prägte ihn; in späteren Jahren wandte er sich intensiv der Anthroposophie Rudolf Steiners zu. Die langjährige Beschäftigung mit Religion und Philosophie bestimmte sein sehr individuell ausgeprägtes Weltbild; eigentlich wollte er Pfarrer von Beruf werden (was für Predigten mögen seiner Gemeinde entgangen sein, weil er von diesem Berufswunsch abrückte?), und als literarischen Erzieher verstand er sich zeitlebens. Im Prosastück *Eine humoristische Studie* aus dem Jahre 1893 charakterisierte er den dortigen Protagonisten, er schwanke »beständig zwischen tiefem Ernste über die Jämmerlichkeit alles Irdischen und einer unbezähmbaren Lachlust über ebendasselbe. Und Hand in Hand mit diesen beiden extremen Stimmungen ging ein ungewöhnlich starker Trieb zum Reformieren, zum Erziehen.« Damit meinte er wohl auch sich selbst.

Viele seiner so schwerelos komisch daherkommenden Texte atmen den Geist einer tief empfundenen Humanität und des Respekts vor der Kreatur (*Die kranke Möwe*, S. 25 ff.; *Rolf und Lulu*, S. 37). Wollte er nicht komisch sein, gelangen ihm mitunter Gedichte von höchster sprachlicher Vollkommenheit, wie man sie vielleicht viel eher in Rilkes als in Morgensterns Werken suchen wollte (*Ein einunddreißigster August*, S. 51). Doch mit eben diesen Texten wurde er nicht berühmt. Mit Morgenstern geht es wie mit Joachim Ringelnatz, mit Erich Kästner oder vielleicht auch mit Robert Gernhardt. Ist einer mal mit dem Gütesiegel »Witzbold« versehen, traut man ihm Ernsthaftes kaum mehr zu. Und so hält sich auch die Literaturwissenschaft noch immer recht bedeckt, was Morgenstern (oder Ringelnatz oder Kästner oder Gernhardt) angeht. Dabei ist gerade der so schwerelos scheinende Frohsinn, den viele der Morgenstern'schen Verse verbreiten, eminent schwer zu machen. Viele dieser Texte lohnen ein sehr genaues Hinsehen und eine wiederholte Lektüre; und immer wieder werden sie so erscheinen, als läse man sie zum ersten Male.

Heute kennt man Morgenstern vor allem als Lyriker. Dass sein prosaisches Werk den Gedichten vom Umfang her kaum nachsteht, dass er sich mit gleichem Engagement auch als Essayist, Dramatiker, Kritiker, Zeitkommentator und auch: als Philosoph betätigte, ist jedoch erschreckend wenig bekannt. Tatsächlich ist sein Werk außerordentlich facettenreich und allein von den Gattungen her gesehen so weit aufgefächert, dass eine kleine Anthologie wie diese dem nicht gerecht werden kann. Hoffentlich macht sie Appetit auf mehr, denn es lohnt sich, sich auf eine genauere Lektüre einzulassen.

Lyrisches, Erzähltes, Dramatisches und Aphorismen werden hier in einem Bande vereint, dazu ein autobiographisches Lebensbild aus seinen letzten Jahren (S. 129 ff.), welches sich so genau an der uns bekannten Wirklichkeit orientiert, dass es nicht nötig ist, seinen Lebensweg hier im Vorwort nachzuzeichnen. Auch von seinem Hang zum Mystizismus, seiner tief empfundenen Hinwendung zur Anthroposophie Steiners ist dort die Rede, von seinen schweren Lebenskrisen von Jugendjahren an, die seinen Glauben an das Jenseitige, Unsag- und Unfassbare motivierten.

Morgenstern liebte es, seine Leserschaft zu überraschen. Die komische Literatur wog für ihn selbst ebenso schwer wie die ernsthafte, seine Dramen und Erzählungen wertschätzte er nicht geringer als die Gedichte. Diesem Selbstverständnis des Schriftstellers versucht der Herausgeber dieses Bandes insofern Rechnung zu tragen, als dass die

Selbstporträt
Ölskizze, 1895

Leserschaft bei der fortlaufenden Lektüre kaum einmal mit Gewissheit vermuten darf, was sie auf den nächsten, jeweils unaufgeschlagenen Seiten erwarten wird: Nachdenkliches oder fast lichtenbergisch anmutende Aphorismen folgen unmittelbar auf literarische Hochkomik, unvermittelt steht ein kurzes Drama quer zur Leseerwartung; der Band hebt nicht an mit den allbekannten Gassenhauern in Versen, sondern mit kurzen Erzählungen, die ganz in der Manier des späten 19. Jahrhunderts gehalten sind. Anklänge an Peter Altenberg und den bewunderten Johann Wolfgang Goethe wird man dort vielleicht finden, wie in der Lyrik die Einflüsse Eichendorffs, Novalis' und Bürgers auch in intertextuellen Querverweisen sichtbar werden. Gleichwohl viele der Texte den literarischen Tendenzen von der Romantik bis zur Jahrhundertwende verhaftet sind, sind sie thematisch wie stilistisch vielfach doch nachgerade zeitlos: Sollte man sie datieren, wäre man oft aufs ratlose Herumraten angewiesen, zumal Morgensterns Schülerschaft – beispielsweise in Gestalt Ernst Jandls – manchen seiner Töne weitergetragen hat bis hinein in die neuere Literatur des 20. Jahrhunderts.

Christian Morgenstern liebte die Weisheit der Naiven, die Klugheit der Toren. *Die kranke Möwe* ist ein Prosa-Beispiel dafür, *Rolf und Lulu* eines in Versen. Wenn »Palmströms Muhme« ihre hungrige Magd des schlagenden Namens Lulu Hammer, »welche Fleisch freut wie ein Wolf«, zusammen mit dem »Kälblein Rolf« in eine Kammer einsperrt, ihr eine Axt in die Hand drückt und spricht: »Wofern dir Fleisch so not / schlag denn auch dies Fleisch selbst tot, – / oder aber iß Salat«: Dann darf man das getrost als Holzhammer- oder besser Hackebeildidaktik bezeichnen.

Das ist eigentlich nicht wirklich komisch, aber wirksam allemal. Denn »fürwahr, sie tat es«, gab – mit einem wunderbaren Reim! – »Rolf die Köpfe des Salates / und verblieb selbst ohne Speise«. Dem Kälbchen Rolf, Palm-

Drache überm Eisberg
Scherenschnitt, 1928

ströms Muhme und der gesamten Vegetarierschaft des vergangenen Jahrhunderts zum Vergnügen, wie man mutmaßen darf.

Soweit wir wissen, war Morgenstern zu dieser Zeit durchaus kein Vegetarier. Aber möglicherweise hat er manche Leserin und manchen Leser dazu bewogen, über die Geschichte des Wiener Schnitzels auf ihrem/seinem Teller ernsthaft nachzudenken.

Morgenstern, kein Zweifel, war ein höchst ernsthafter Weltverbesserer, der die Menschheit lachend zu erziehen trachtete. »Humor ist äußerste Freiheit des Geistes«, schrieb er. Da er vom Humor mehr als die meisten anderen Philosophen verstand, wird er wohl recht haben mit diesem Diktum. Es wäre, ebenso gewiss wie doppeldeutig, *Morgenstern zum Vergnügen*, wenn sich der eine oder andere dieser Weisheit anschließen wollte.

I
Von Tier und Mensch Erzähltes

Ein Interview bei einem*

Draußen geht ein Gewitter nieder; draußen vor der Laube nämlich, in der ich, mit verschränkten Armen auf den weißen Gartentisch gestützt, sitze und das Ende des Wetters abwarte.

Plötzlich sehe ich auf der Tischplatte einen schwarzen Punkt, und zwar bald als toten, bald als springenden Punkt, ich blicke scharf hin und entdecke: es ist ein –

Bevor ich ein Wort weiter schreibe, erlaube ich mir, dem gütigen Leser folgende Mitteilung zu machen, aus der er entnehmen kann, wie ängstlich ich bemüht bin, auch die geringste Unvorsichtigkeit zu vermeiden, welche seine Ruhe und meinen Ruf gefährden könnte.

Als mir nämlich der Gedanke aufgetaucht war, einen * zu interviewen, kamen mir Bedenken, es möchte vielleicht der oder jener daran Anstoß nehmen.

Ich lud daher eines Tages die drei gewissenhaftesten meiner Freunde ein, um ihr Urteil zu hören.

»Was meint ihr dazu«, begann ich, »wenn ich nächstens ein Interview mit einem * veröffentliche?«

Ein überraschtes Lächeln überflog die drei ehrlichen Gesichter und schürzte ihre Stirnfalten wie einen Vorhang, den man unten etwas aufhebt. Aber bald fiel der Vorhang wieder glatt herab, und ich war so klug wie zuvor.

»Nun, was sagt ihr dazu?« wiederholte ich.

Der eine schlug sich nachdenklich mit der Rechten

aufs Knie, der zweite räusperte sich lächelnd und schien sogleich antworten zu wollen, der dritte zuckte mit den Achseln, tat den Mund auf und sprach:

»Warum solltest du deine Absicht nicht ausführen? Ein * ist ein ganz anständiges Vieh, jedenfalls im Vergleich zu Schwaben, Russen, Ohrwürmern und Wanzen ein Edelmann, ein grimmiger, aber immerhin ehrenwerter Feind.«

»Außerdem«, fiel ihm der zweite ins Wort, »ist der * längst in die Literatur eingeführt. Der große Humorist Fischart[1] hat beispielsweise sogar ein Epos über ihn geschrieben und kein Geringerer als Goethe hat ihn in einer köstlichen Ballade verherrlicht.«

Ja, mein Freund«, rief der dritte aus, heftig mit den Händen gestikulierend, »ich bitte dich sogar darum, über den * zu schreiben. Denn du wirst dich doch nicht von der unehrlichen Prüderie verwirren lassen, welche den momentanen Besitz eines * als einen Makel betrachtet, der durchaus nur die Folge von Unsauberkeit sein kann? Wer dies behauptet, ist entweder ein Spießbürger, der nie über sein Bett hinausgekommen ist, oder ein Heuchler, der ein trauriges, aber unabänderliches Übel nicht eingestehen will. Ich wette, es gibt keinen, der eine Reise tat, der von besagten ** nicht etwas erzählen kann. Allerdings kenne ich auch Menschen, die infolge der Herbheit ihres Blutes keine Liebhaber unter den ** finden, aber das sind Ausnahmen. Ex exceptio firmat regulam.«[2]

»Meine Freunde«, rief ich hocherfreut aus, »ihr habt

1 Johann Fischart (1546/47–1591).
2 Aus der Ausnahme baut sich die Regel.

mir nur bestätigt, was mein eigener Sinn mir längst gesagt hat. Ich trinke auf euer Wohl.«

Damit schloß der für den Leser wichtige Teil jenes Abends.

Ich erlaube mir nun fortzufahren:

– Floh.

»Dälolös«, redet er mich mit seiner winzigen Stimme an, »das blibob minut bal in bledem at. Ibo himavat binom tu levemik.«

»Wie?« rufe ich erstaunt aus, »du sprichst die Schleyersche[3] Weltsprache?«

»Si, si«, erwidert er, »volapükob.«

»Ich gestatte dir, eine Minute in dieser Laube zu bleiben. Denn der Regen ist wirklich zu stark. Aber dann – hinaus!«

»Etävob –«

»Halt!« sage ich, – »das Volapük ist eine schöne Erfindung –«

»Si, si!« jubelt er und macht einen Luftsprung.

»– Aber nicht für Flöhe.«

Er macht einen Satz rückwärts.

»Denn mit euresgleichen muß man deutsch reden.«

Ich sehe, wie er die Achseln zuckt.

»So will ich mit dir auch deutsch reden!« ruft er plötzlich, springt mir auf die Hand, zieht blitzschnell sein Messer und sticht es mir tief ins Fleisch, da wo es am wehesten tut.

Aber ehe er noch das Messer wieder herausziehen kann, habe ich ihm schon den Mittelfinger der anderen Hand aufs Haupt gelegt und walke ihn hin und her:

3 Johann Martin Schleyer (1831–1912) entwickelte die Kunstsprache »Volapük« (aus engl. *world* ›Welt‹ und *speak* ›sprechen‹).

»wu...zeln« nennt dies mein lieber Onkel Anton; und wenn er dieses Wort »wuzeln« ausspricht, so verklärt ein Lächeln innerster Befriedigung seine Züge, und seine Augen leuchten in jenem süßen Triumphgefühl, das uns erfüllt, wenn der Feind, der uns das Leben vergällt hat, endlich in unserer Gewalt ist.

Nach einer Weile merke ich, daß er ohnmächtig geworden ist, und entferne vorsichtig den Finger. Ermattet, schier leblos, stürzt er ab, auf die Tischplatte.

»Wirst du mich töten?« stöhnt er leise. »Es heißt doch: du sollst nicht töten.«

»Du bist so witzig als tollkühn«, entgegne ich, »drum werde ich dir unter der Bedingung das Leben schenken, daß du mir auf alles, was ich dich frage, Red' und Antwort stehst. Ich wünsche Aufschluß von dir über eure staatlichen, religiösen, sittlichen Anschauungen und Einrichtungen, sowie über eure Lebensgewohnheiten und die Art, wie ihr euren Unterhalt erwerbt.«

»Gern!« sagt er, und etwas wie müder Stolz zuckt dabei um seine Lippen.

»Wir sind die Zigeuner unter den Tieren«, beginnt er, »obdachlos schweifen wir umher; überall ausgewiesen, verfolgt, gehaßt, kampieren wir heute zwischen den Zehen eines deutschen Mopses, morgen reisen wir als blinde Passagiere auf dem Rücken eines polnischen Juden nach Rußland, übermorgen im Handschuh einer französischen Gräfin per Schnellzug nach Paris: Der Mops beißt, der Pole reibt, die Dame streut; jeder flucht uns, lamentiert über unser Dasein – ach, es ist kein flohwürdiges Dasein, und es gehört oft die ganze Elastizität unserer Natur dazu, um nicht zusammenzuklappen.

Freilich hat dieses Leben auch wieder seine wilde Schönheit, einen Reiz, den nur ein Löwen- oder Elephantenjäger uns nachempfinden kann, dem es unter tausend Mühen und Fährnissen immer wieder gelingt, über seine weit stärkeren Gegner zu triumphieren.«

»Ja«, werfe ich dazwischen, »ihr könnt einen Menschen zu Tode quälen.«

»Es ist ursprünglich nie unsere Absicht, euch zu peinigen«, erwidert er mit seinem unschuldigsten Gesicht; »wir wollen bloß anständig leben und uns ordentlich nähren. Staub aber allein tut's freilich nicht, man will vielmehr als ehrlicher Floh auch täglich sein Ünzchen Blut haben. Wird einem aber jeder Schluck mißgönnt und gestört, so wird man natürlich flohteufelswild und kneibt[4] nun erst recht.«

»So sollte man euch wohl ruhig gewähren lassen?«

»Das wäre das Beste.«

»Du hast nicht so ganz Unrecht. Ich weiß, daß, wenn man sich überwindet, euch nicht zu stören, selten ein weiterer Stich erfolgt. Aber ich habe es nie ohne Augenrollen und Zähneklappern vermocht. Geht ihr übrigens bei euren Raubzügen nach einem bestimmten System zu Werke?«

»Wie es kommt. Am amüsantesten ist es, wenn man von der Zehe auf- oder vom Scheitel absteigen kann. Hierbei kann man nach dem sogenannten ›Spiralsystem‹ oder auch nach dem sogenannten ›Longitudinalsystem‹ den Weg zurücklegen. Das erste ist selbstverständlich gefährlicher, aber auch weit lohnender als das zweite. Ein drittes Verfahren nennen wir das ›Siegfried- oder Lindenblattsystem‹, welches besonders bei

4 Kneift.

unseren Frauen, Kindern und Greisen beliebt ist, da es bei der geringsten Anstrengung die größte Sicherheit bietet. Man steigt vom Halse aus den Rückenwirbel einige Sprossen hinab bis etwa an jene Stelle zwischen den Schulterblättern, wo der Sage nach Siegfried verwundbar war. Dort sitzt man geborgen; denn die menschlichen Hände erreichen fast nie oder nur in ohnmächtigen Verdrehungen diesen Punkt.

Das ›Diagonalsystem‹ endlich, welches erfordert, daß man von dem linken Ohrläppchen bis zur kleinen Zehe des rechten Fußes, und zurück, sodann nach Umgehung des Hinterkopfes, vom rechten Ohrläppchen bis zur kleinen Zehe des linken Fußes, und zurück, den Weg zurücklege, ist so schwierig, daß es nur unseren größten Meistern hie und da gelingt.«

»Das ist ja eine ganze Wissenschaft, mein Kleiner.«

»Und ob!«

»Dabei fällt mir ein, dich zu fragen, wann und wie lange ihr eigentlich schlaft.«

»Ebenfalls ganz nach Umständen. Doch glücklich der, welcher das ›Mutual- oder Wechselverfahren‹ anwenden kann. Er schläft nachts mit seinem Opfer zusammen, nimmt von Zeit zu Zeit im Halbschlaf einen Schluck zu sich, verbirgt sich gegen Morgen in den Kleidern des Betreffenden und ist somit in der Lage, sofort, nachdem dieser aufgestanden, sein Frühstück einzunehmen, während er nachts wieder der Genosse seiner Träume ist.«

»Sage, wie kommt es, daß man euch selbst mit Insektenpulver oft machtlos bekämpft?«

»Es existiert da eine alte Gewohnheit unter uns. Schon die kleinen Flohkinder werden von ihren Müttern, so oft Gelegenheit ist, zum Schnupfen von Insektenpulver gezwungen, so daß sie schon früh giftfest werden. Das Kapitel, wie sich körperlich und geistig ein Floh abhärtet, ist überhaupt ein großes.«

»Auch geistig?«

»Gewiß. Ebensowenig, wie er Müdigkeit, Schwäche, Krankheit kennen darf, darf er Furcht, Unentschlossenheit, Skrupelhaftigkeit, darf er Mitleid oder Reue kennen. Viel zur Erreichung dieses Standpunktes trägt die völlige Selbständigkeit und Unabhängigkeit bei, in welcher wir, von Jugend auf vom Zwange irgend welcher Gesetze frei, dahinleben.«

»Ihr habt also keinen Staat?«

»Nein, wir sind Anarchisten. Chacun pour soi.[5] Wir sind, als die Zigeuner, die wir sind, internationale Weltbürger. Wo sollten auch unsere Staaten sein? Ja, wollte man uns Stöcke bauen, wie den Bienen! Das wäre eine Lust! Denn jenes Phlegma, sich herdenweise anzusiedeln, wie es die Wanzen, die du gewiß auch kennst –« (ich nickte traurig) »besitzen, jene hausbakkenen, philisterhaften Geschöpfe, fehlt uns. Und ohne eine Portion Phlegma kann man weder Familienglück genießen, noch ein devoter Untertan sein. Also, es lebe das ungebundene Flohleben mit seinem ubi bene ibi patria[6]!«

»Daher auch deine Liebe für das Volapük.«

»Gewiß. Jeder Floh spricht neben der Sprache des Landes, in dem er geboren, noch diese sinnreiche Kunstsprache. Eine große Zeitersparnis. Time is blood.«

»Du mahnst mich zur rechten Zeit daran, mit meinen Fragen mich zu beeilen. Nur noch eines. Sprich,

5 Jeder für sich.
6 Wo man sich wohlfühlt, dort ist das Vaterland.

wie hältst du's mit der Religion? Du bist wohl krasser Materialist?«

»Du beleidigst mich geradezu. Wenn du das den Wanzen sagtest, da hätte es Sinn. Das sind pure Fleischanbeter. Aber sehen wir Flöhe aus, als ob wir an der Materie klebten? Wir sind zwar nicht eurer Meinung, daß die Erde ein Jammertal sei, obschon sie für uns manchmal eines ist, aber wir sind ebenso fest wie ihr davon überzeugt, daß hinter dem, was wir mit unseren Flohaugen sehen und mit unseren Flohhänden fassen können, mehr steckt, als unsere Flohweisheit sich träumt. Diese tiefere Weltanschauung beruht nicht zum mindesten darauf, daß wir meist unseren geistigen Horizont schon früh zu erweitern Gelegenheit haben. Ich selbst habe bereits den ganzen europäischen Kontinent bereist: dabei sammelt man zahllose Erfahrungen und lernt die Dinge unter ganz anderen Gesichtspunkten betrachten.

Oh, ich könnte Bücher schreiben, philosophische, belletristische, humoristische voll Geist und Pikanterie! Die Menschheit hat kein Geheimnis vor mir: sie steht in ihrer ganzen Nacktheit und Wehrlosigkeit vor mir – ich brauchte nur meine Memoiren zu schreiben, und ganz Europa würde so rot wie ein Sioux-Indianer. Ich könnte hunderte entlarven, deren Geheimnisse, Wünsche, Pläne ich in verschwiegenen Nächten gehört, ich könnte Ehen trennen und Liebende zusammenführen, Minister stürzen und Bettler berühmt machen, ich könnte sogar Kriege entfachen, indem ich die geheimen Gedanken der Kabinette der Öffentlichkeit verriete – aber ich tue es nicht. Es genügt mir das Bewußtsein, es zu können.«

»Du edler Floh!«

»Ja, du nennst mich mit Recht edel; denn vornehmes Blut fließt in meinen Adern.

Meine Mutter gab mir das Leben in der Kniekehle eines berühmten Mimen, als er gerade den Ferdinand in ›Kabale und Liebe‹[7] spielte. Es war gegen das Ende der letzten Szene des ersten Aktes:

DER PRÄSIDENT: … Halt! Hollah! Was bläst so auf einmal das Feuer in deinen Wangen aus?

FERDINAND (*schneeblaß und zitternd*): Wie? Was? Es ist gewiß nichts, mein Vater.

Leider starb meine Mutter, wie mir später erzählt wurde, noch am selben Abend, und zwar durch Ertrinken, am Schluß der sechsten Szene des fünften Aktes. Sie geriet dem Schauspieler durch einen unglücklichen Zufall zwischen Daumen und Zeigefinger und wurde von ihm in ein Glas Wasser geworfen –: Leuchte deinem Vater, Luise! rief Ferdinand, und, währenddem, daß sie Millern mit dem Lichte begleitete, trat er zum Tisch und warf Gift (d. h. meine Mutter) in ein Glas Limonade: Ja sie soll dran! Sie soll! rief er mit fürchterlicher Stimme, die Augen graß in einen Winkel geworfen. Die oberen Mächte nicken mir ihr schreckliches Ja herunter, die Rache des Himmels unterschreibt, ihr guter Engel läßt sie fahren. Damit war meiner Mutter Los besiegelt.«

»Das ist traurig!« sage ich. Mir ist, als ob der Floh leise schluchzte.

»Du bist betrübt«, breche ich nach einer Pause das Schweigen.

»Ich will nicht weiter in dich dringen. Leb wohl! Ich weiß, ich brauche nicht erst zu sagen: Auf Wiederse-

7 Bürgerliches Trauerspiel von Friedrich Schiller (1759–1805).

hen! Du kommst doch wieder einmal des Wegs. Aber nur dann, wenn du mir versprichst, jedesmal einen Teil deiner Memoiren mir mitzuteilen, füge ich hinzu: ›So oft du kommst, du sollst willkommen sein‹. Denn weißt du, trotz aller Bewunderung für dich und deine Konflöhe –: Floh bleibt doch Floh trotz alledem!«

»Ja!« sagte er, »und bist du auch ein guter Mensch –: Mensch bleibt doch Mensch trotz alledem!«

Und ehe ich noch aus meiner völligen Arglosigkeit erwache, sitzt er wieder auf meiner Hand, tut einen mörderischen Dolchstoß in sie, springt wieder zurück und in zwei Sätzen zur Laube hinaus.

– –

Der gütige Leser gestattet, daß ich gleichfalls die Laube verlasse.

Das Vermächtnis

Es war um die Zeit, da der Affe zum Menschen wurde. Und am Vorabend seiner Menschwerdung versammelte der Affe noch einmal alle Tiere der Erde um sich, um von ihnen Abschied zu nehmen.

»Morgen will ich Mensch werden«, sprach er wehmütig zu ihnen, »und ihr werdet mich alle verlassen und meiden und ein Kampf wird entstehen zwischen meinem Samen und eurem Samen.«

»Jawohl, ein Kampf!« brüllte der Löwe.

»Du willst mehr werden als wir!« brummte das Nashorn, »das wirst Du büßen müssen!«

»Das wirst Du büßen müssen!« wiederholte giftig der Floh.

»Lassen wir das!« sagte mit einem Anflug unbeschreiblicher Müdigkeit der Affe, »und feiern wir heute noch ein Fest des Friedens und der Freude miteinander.«

»So sei es!« riefen die Tiere und drängten sich gutmütig und wohlwollend um den scheidenden Bruder und fragten ihn, ob sie ihm nicht noch etwas Liebes tun oder mitgeben könnten.

Da ward dem Affen noch trübseliger zu Mute, und er setzte sich unter eine Palme und fing jämmerlich an zu schluchzen.

Ein tiefes Mitleid ging durch die weichen Tierherzen.

»Wir wollen den Armen trösten!« begann endlich das Schaf und schritt allen voran auf den Weinenden zu.

Lange sah das Schaf dem Affen in die Augen und dann sprach es: »Trage mein Bild stets in Deinem Herzen, so wird es sein, als ob ich mit und in Dir weiterlebte!«

Dem Schaf folgte das Kamel, sah dem Affen tief in die Augen und sagte das gleiche zu ihm.

Und herzu traten der Ochs, der Esel, das Schwein, der Pfau, die Gans, der Tiger, der Wolf, die Hyäne und viele andere Tiere und jedes sah den Affen lange an und sprach feierlich zu ihm: »Trage mein Bild stets in Deiner Seele, so wird es sein, als ob ich mit Dir weiterlebte.«

Die letzten, die herantraten, waren der Löwe, der Adler und die Schlange.

Der Affe konnte vor Abgespanntheit kaum mehr aus den Augen schauen und als die Schlange sich verabschiedet, sank er sofort in Schlaf. Aber wirre und schreckliche Träume ängstigten ihn, und gegen Morgengrauen erhob er sich im Halbschlummer von seinem Lager und tastete sich zur nahen Quelle. Mit Augen, deren Schleier klares Bewußtsein noch nicht zu zerreißen vermochte, blickte er in den Wasserspiegel, der, leicht bewegt, sein Bild wiedergab.

Wie sah er aus! Da schwamm auf zitternden Wellen das Bild des einfältigen Schafes – oder – nein! es war das häßliche Kamel, das mit arroganten Zügen aus den Wogen ihn anstarrte – –, mit einem Male schien es der blutrünstige Tiger, als den er sich auf den Fluten sah, – und kaum, daß er genauer hingespäht, war es ein Pfau, der ihm sein eitles Rad entgegenschlug.

Endlich brach ein Sonnenstrahl durch die Bäume, und der Affe erwachte aus seinem traumhaften Zustande. Verwundert rieb er sich die Augen und wollte sogleich den nächsten Baumriesen empor, als sein Blick von ungefähr in die Quelle fiel.

Da erkannte er, daß er über Nacht Mensch geworden war. Und Adam zog aus, bis daß er Eva fand und verbreitete sein Geschlecht über die ganze Erde.

Das Vermächtnis aber, das die Tiere ihrem scheidenden Kollegen mitgegeben haben, wirkt heute noch ungeschwächt unter seinen Nachkommen fort.

Die kranke Möwe

Eine Geschichte mit Gänsefüßen, in welcher die Geburt einiger Begriffe stattzufinden scheint

Am Strande der Nordsee sah ich einmal eine kranke Möwe, die konnte nicht mehr fliegen und fiel der allgemeinen Verachtung anheim. Da suchte sie sich ein

Versteck in den Dünen und grämte sich sehr. Und ihr Leiden und Müßiggang machte, daß sie zum ersten Mal in ihrem Leben nachzudenken begann. Während ihres früheren Lebens in Kraft und Gesundheit war ihr Denken und ihr Handeln eine unentwirrbare Einheit gewesen; jetzt, da sie krank war, löste sich dieser natürliche Zusammenhang auf: Ihr kleines Hirn arbeitete ruhlos weiter, aber ihr Körper lag mit zerbrochenem Flügel im Sande. So wurde aus einem naiven Tier ein sentimentalisches, ein geistiges Tier.[8] Da es selbst nicht mehr leben, lieben und rauben konnte, begann es, seine unbekümmerten Gefährten mehr und mehr zu hassen und ihr Leben, Lieben und Rauben als ein Unrecht zu empfinden. Um so mehr, als diese die lahme Schwester verhöhnten und verfolgten, wo sie sie trafen. Ihr doppeltes Leid: nicht mehr mittun zu können und auch noch verachtet zu sein, stachelte ihren sich eben entwickelnden Geist mehr und mehr auf, ihr Genugtuung zu verschaffen. Und endlich war sie so weit gekommen, daß sie sich sagte: Nicht ich bin zu verachten, sondern jene sind es, nicht mein Leben ist ein Unrecht, sondern das Leben jener; ja, wenn man's »tiefer« bedenkt, sind eigentlich jene die Kranken und ich der einzige Gesunde. Zwar kann ich nicht mehr fliegen, aber was liegt denn auch am Fliegen? Ist es nicht viel besser, still sitzen zu dürfen? Ist es nicht der »Seele« weit zuträglicher, jenen vielen Versuchungen zum »Bösen« entrückt zu sein? O wie mag ihr »Gewissen« sie foltern, diese Unglücklichen! (Hier log die Möwe; denn sie mußte von sich selber wissen, daß sie niemals

8 Nach der Debatte zwischen Goethe und Schiller (naiv als ursprünglich, sentimentalistisch als bewusster Versuch, das Naive zu rekonstruieren).

Professor Sittich
Scherenschnitt, 1928

Reue empfunden hatte, außer wenn ihr etwas mißglückt war.) Sollten sie aber so »verhärtet« sein, daß sie ihre »Schuld« nicht einmal mehr empfänden, so wird es ihnen schon irgendeinmal »vergolten« werden. Denn »Gerechtigkeit« muß walten. Zugleich aber wird auch mir nach Verdienst getan werden müssen. Mein Unglück muß irgendwo und irgendwann ausgeglichen werden: Mein verachtetes, entsagungsvolles, tugendhaftes Leben verlangt einen Lohn. Es muß irgendwo eine »höhere Macht«, eine »göttliche Vorsehung« geben, die den Dulder entschädigt und den Übermütigen bestraft. Es muß eine »sittliche Weltordnung« geben, es muß ein »höchstes Wesen« geben, das einst entscheiden wird, ob ich zu verachten war oder ob jene zu verachten waren. Und an jenem Tage werde ich an jenen – gerächt sein. Zu jenen wird der »Herr« sprechen: Ihr habt gelebt, geliebt, geraubt, – nun sollt ihr dafür büßen. Zu mir aber: Du hast Deine Sünden bereut, da es noch Zeit war; darum sollst Du nun auch in meinem »Himmel« mit mir leben dürfen, und Du wirst sehn, daß sich's hier nicht schlechter lebt als da drunten.

So philosophierte die Möwe und starb getröstet. Die andern aber lebten in ihrer »Sünde« weiter, ein unglückliches, bejammernswürdiges Geschlecht. –

II

Von Haus- und sehr anderen Tieren

Das Grab des Hunds

Gestern war ich in dem Tal,
wo der Hund begraben liegt.
Trat erst durch ein Felsportal
und dann wo nach links es biegt.

Vorwärts drang ich ungestört
noch um ein Erkleckliches –
ist auch niemand da, der hört?
Denn nun tat ich Schreckliches:

Hob den Stein, auf welchem steht,
welchem steht: Hier liegt der Hund –
hob den Stein auf, hob ihn – und –
sah – oh, die ihr da seid, geht!

Sah – sah die Idee des Hunds,
sah den Hund, den Hund an sich.
Reichen wir die Hände uns;
dies ist wirklich fürchterlich.

Wie sie aussah, die Idee?
Bitte, bändigt euren Mund.
Denn ich kann nicht sagen meh
als daß sie aussah wie ein – Hund.

Der Werwolf

Ein Werwolf eines Nachts entwich
von Weib und Kind und sich begab
an eines Dorfschullehrers Grab
und bat ihn: »Bitte, beuge mich!«

Der Dorfschulmeister stieg hinauf
auf seines Blechschilds Messingknauf
und sprach zum Wolf, der seine Pfoten
geduldig kreuzte vor dem Toten:

»Der Werwolf« – sprach der gute Mann,
»des Weswolfs, Genitiv sodann,
dem Wemwolf, Dativ, wie man's nennt,
den Wenwolf, – damit hat's ein End'.«

Dem Werwolf schmeichelten die Fälle,
er rollte seine Augenbälle.
»Indessen«, bat er, »füge doch
zur Einzahl auch die Mehrzahl noch!«

Der Dorfschulmeister aber mußte
gestehn, daß er von ihr nichts wußte.
Zwar Wölfe gäb's in großer Schar,
doch »Wer« gäb's nur im Singular.

Der Wolf erhob sich tränenblind –
er hatte ja doch Weib und Kind!
Doch da er kein Gelehrter eben,
so schied er dankend und ergeben.

Das Mondschaf

Das Mondschaf steht auf weiter Flur.
Es harrt und harrt der großen Schur.
  Das Mondschaf.

Das Mondschaf rupft sich einen Halm
und geht dann heim auf seine Alm.
  Das Mondschaf.

Das Mondschaf spricht zu sich im Traum:
»Ich bin des Weltalls dunkler Raum.«
  Das Mondschaf.

Das Mondschaf liegt am Morgen tot.
Sein Leib ist weiß, die Sonn' ist rot.
  Das Mondschaf.

Des Zauberfräuleins kleiner Hund
wird, wenn sie ihn am Ohr ergreift,
sogleich ein seiden Taschentuch.

Und wirft sie's wieder auf den Grund,
dann – ohne Formel, ohne Buch,
sie wiederum ein Hund umschweift.

Das war die Katze aus Kristall,
die mit den Beinen stets voran
durchs mährische Gesenke flog,
in dem durch sonderbaren Bann
ein Mädchen stand mit einem Ball,
der fünfundzwanzig Kilo wog.

Das Mädchen wog, man glaubt es kaum,
zweihundertvierzig ohne Schuh,
die Katze war wie eine Kuh,
das Ganze aber war ein Traum.

Der heroische Pudel

Ein schwarzer Pudel, dessen Haar
des abends noch wie Kohle war,
betrübte sich so höllenheiß,
weil seine Dame Flügel spielte,
trotzdem er heulte: daß (o Preis
dem Schmerz, der solchen Sieg erzielte!)
er beim Gekräh der Morgenhähne
aufstand als wie ein hoher Greis –
mit einer silberweißen Mähne.

Werfuchsjagd

Wer will den Werfuchs jagen,
der muß dies Sprüchlein sagen:

Maulwurfsstute,
komm, du Gute, –
Rabenmaus,
sei zu Haus,
blinde Natter,
steh Gevatter,
Stutenwolf,
bell um zwolf.

Phosphorspinnen,
helft gewinnen,
Waldschleichkuh,
brüll ihm zu.
Äser, Möder,
bildet Köder.
Grubenlamm,
sträub den Kamm.

Dann kommt der Werfuchs aus seinem Bau
wie ein Gebirgsnebel groß und grau.

Womit willst du mich denn schießen?
Mit Pfeil oder Spießen,
mit Kugel oder Schrot,
sprich gleich, sonst bist du tot.

Dann mußt du schnell und ohne Zagen
folgende Worte zum Werfuchs sagen:

Ich hab einen Bogen,
den hat mir der Wind geschnitzt
aus einem Wellenkamm des Meers,
und hab einen Pfeil,
den hat mir ein Kind geritzt
aus einem Blitzwurfspieß des wilden Heers.
Die Sehne aber,
die Pfeil und Bogen verschwistert,
die ist aus blondem Jungfrauhaar und knistert.

Und jetzt tritt hinter dich
und bete dies Sprüchlein her,
denn jetzt hilft dir kein Schießen mehr.

Drauf wird der Werfuchs zur Seite treten und
folgendes Schwanensprüchlein beten:

Ich danke dir, Herr Morgenstern,
du hast mich so geschaffen.
Ich lebte auch noch gar zu gern,
jetzt kommt der Tod mich raffen.
Doch ist es ja kein großer Mord,
wenn einer stirbt bloß durch ein Wort
und nur durch Wortes Waffen.

Dann magst du tun, was dir behagt …
Viel Glück zu deiner Werfuchsjagd.

Das Geierlamm

Der Lämmergeier ist bekannt,
das Geierlamm erst hier genannt.

Der Geier, der ist offenkundig,
das Lamm hingegen untergrundig.

Es sagt nicht hu, es sagt nicht mäh
und frißt dich auf aus nächster Näh.

Und dreht das Auge dann zum Herrn.
Und alle haben's herzlich gern.

Der Droschkengaul

»Ich bin zwar nur ein Droschkengaul, –
doch philosophisch regsam;
der Freß-Sack hängt mir kaum ums Maul,
so werd ich überlegsam.
Ich schwenk ihn her, ich schwenk ihn hin,
und bei dem trauten Schwenken
geht mir so manches durch den Sinn,
woran nur Weise denken.

Ich hin zwar nur ein Droschkengaul, –
doch sann ich oft voll Sorgen,
wie ich den Hafer brächt' ins Maul,
der tief im Grund verborgen.
Ich schwenkte hoch, ich schwenkte tief,
bis mir die Ohren klangen.
Was dort in Nacht verschleiert schlief,
ich konnt' es nicht erlangen.

Ich bin zwar nur ein Droschkengaul, –
doch mag ich Trost nicht missen
und sage mir: So steht es faul
mit allem Erdenwissen;
es frißt im Weisheitsfuttersack
wohl jeglich Maul ein Weilchen,
doch nie erreicht's – oh Schabernack –
die letzten Bodenteilchen.«

Ein Wildschwein und ein Zahmschwein sahn
sich an durch eines Zaunes Zahn.

Das Zahmschwein (anders als das Wild-)
hielt jenes für sein Spiegelbild.

Hinwieder dies verächtlich spie
auf sein rasiertes vis-à-vis.

Das Zahmschwein wandte sich empört,
aus seiner Illusion gestört.

Die Wildsau lief, berechtigt-stolz,
ins nächstgelegne Unterholz.

Das Auge der Maus

Das rote Auge einer Maus
lugt aus deren Loch heraus.

Es funkelt durch die Dämmerung …
Das Herz gerät in Hämmerung.

»Das Herz von wem?« Das Herz von mir!
Ich sitze nämlich vor dem Tier.

O Seele, denk an diese: Maus!
Alle Dinge sind voll Graus.

Rolf und Lulu

Palmströms Muhme geht voraus,
wo's ein Tier zu schützen gilt.
Tapfer hält sie ihren Schild
vor die kleinste Ackermaus.

Ihre Dienstmagd Lulu Hammer,
welche Fleisch freut wie ein Wolf
sperrt sie, samt dem Kälblein Rolf
eines Tags in ihre Kammer.

Legt ein Beilchen ihr parat,
spricht: Wofern dir Fleisch so not
schlag denn auch dies Fleisch selbst tot, –
oder aber iß Salat.

Lulu, ganz in sich verwandelt
fühlt, wie grauslich ihre Gier,
bittet ab dem Bruder Tier.
Ja, noch mehr, sie hat gehandelt

wie sonst nur der Helden Weise:
Nämlich gab, fürwahr, sie tat es,
Rolf die Köpfe des Salates
und verblieb selbst ohne Speise.

Schließlich ruft sie nach der Muhme …
Rolf und Lulu gehn heraus …
Und sie lebt seitdem im Haus,
reinerer Moral zum Ruhme.

Gespräche einer Hausschnecke mit sich selbst

Soll i aus meim Hause raus?
Soll i aus meim Hause nit raus?
Einen Schritt raus?
Lieber nit raus?
Hausenitraus
Hauseraus
Hauseritraus
Hausenaus
Rauserauserauserause ......

(Die Hausschnecke verfängt sich in ihren eignen Gedanken oder vielmehr diese gehen mit ihr dermaßen durch, daß sie die weitere Entscheidung der Frage lächelnd verschieben muß.)

Das ästhetische Wiesel

Ein Wiesel
saß auf einem Kiesel
inmitten Bachgeriesel.

Wißt ihr
weshalb?

Das Mondkalb
verriet es mir
im Stillen:

Das raffinier-
te Tier
tat's um des Reimes willen.

Ein Elch geht nächtlich an den Teich
baden,
er wäscht sich erst die Zehen bleich
und dann die Waden.
Zum Schlusse taucht er das Geweih
ein –
ei!
Nun ist er endlich sauber.
In der Ferne gurrt ein wilder Tauber
sein

◡ ◡ ◡ ◡ ◡ ◡

×

.

Der Rock

Der Rock, am Tage angehabt,
er ruht zur Nacht sich schweigend aus;
durch seine hohlen Ärmel trabt
die Maus.

Durch seine hohlen Ärmel trabt
gespenstisch auf und ab die Maus …
Der Rock, am Tage angehabt,
er ruht zur Nacht sich aus.

Er ruht, am Tage angehabt,
im Schoß der Nacht sich schweigend aus,
er ruht, von seiner Maus durchtrabt,
sich aus.

P.

Der Igel

Ein Igel
saß pyramidalisch
auf einem Hügel.

(*)
— · —

Er fühlte sich
– wie sag' ich's ungeziert –
normalvokalisch
untergrundfundiert.

(*)

Lies: Strich, Punkt, Strich.
(Galgenschule. Verf. unbek.)

Die Perle der Saison

Es steht ein völlig goldnes Huhn
auf völlig samtnem Miste.
Du brauchst das Ganze nur zu tun
in eine Bilderkiste, –

dann wird in einem Kunstsalon
der Packen aufgestellt
und als die »Perle der Saison«
bestaunt von aller Welt.

Drei Hasen

Eine groteske Ballade

Drei Hasen tanzen im Mondschein
im Wiesenwinkel am See:
Der eine ist ein Löwe,
der andre eine Möwe,
der dritte ist ein Reh.

Wer fragt, der ist gerichtet,
hier wird nicht kommentiert,
hier wird an sich gedichtet;
doch fühlst du dich verpflichtet,
erheb sie ins Geviert
und füge dazu den Purzel
von einem Purzelbaum,
und zieh aus dem Ganzen die Wurzel
und träum den Extrakt als Traum.

Dann wirst du die Hasen sehen
im Wiesenwinkel am See,
wie sie auf silbernen Zehen
im Mond sich wunderlich drehen
als Löwe, Möwe und Reh.

Fisches Nachtgesang

—
◡ ◡
— — —
◡ ◡ ◡ ◡
— — —
◡ ◡ ◡ ◡
— — —
◡ ◡ ◡ ◡
— — —
◡ ◡ ◡ ◡
— — —
◡ ◡
—

Der Hecht

Ein Hecht, vom heiligen Antōn
bekehrt, beschloß, samt Frau und Sohn,
am vegetarischen Gedanken
moralisch sich emporzuranken.

Er aß seit jenem nur noch dies:
Seegras, Seerose und Seegries.
Doch Gries, Gras, Rose floß, o Graus,
entsetzlich wieder hinten aus.

Der ganze Teich ward angesteckt.
Fünfhundert Fische sind verreckt.
Doch Sankt Antōn gerufen eilig,
sprach nichts als: Heilig! heilig! heilig!

Möwenlied

Die Möwen sehen alle aus,
als ob sie Emma hießen.
Sie tragen einen weißen Flaus
und sind mit Schrot zu schießen.

Ich schieße keine Möwe tot,
ich laß sie lieber leben –
und füttre sie mit Roggenbrot
und rötlichen Zibeben.

O Mensch, du wirst nie nebenbei
der Möwe Flug erreichen.
Wofern du Emma heißest, sei
zufrieden, ihr zu gleichen.

Der Sperling und das Känguruh

Im zoologischen Garten

Vor seinem Haus das Känguruh –
es guckt wohl einem Sperling zu.

Der Sperling sitzt auf dem Gebäude,
doch ohne sonderliche Freude.

Vielmehr er fühlt, den Kopf geduckt,
wie ihn das Känguruh beguckt.

Der Sperling sträubt den Federflaus –
die Sache ist auch gar zu kraus.

Ihm ist, als ob er kaum noch säße.
Wenn nun das Känguruh ihm fräße?!

Doch dieses dreht nach einer Stunde
den Kopf aus irgend einem Grunde,

vielleicht auch ohne tiefern Sinn,
nach einer andern Richtung hin.

Der Papagei

Es war einmal ein Papagei,
der war beim Schöpfungsakt dabei
und lernte gleich am rechten Ort
des ersten Menschen erstes Wort.

Des Menschen erstes Wort war A
und hieß fast alles, was er sah,
z. B. Fisch, z. B. Brod,
z. B. Leben oder Tod.

Erst nach Jahrhunderten voll Schnee
erfand der Mensch zum A das B
und darin das L und dann das Q
und schließlich noch das Z dazu.

Gedachter Papagei indem
ward älter als Methusalem
bewahrend treu in Brust und Schnabel
die erste menschliche Vokabel.

Zum Schlusse starb auch er am Zips.
Doch heut noch steht sein Bild in Gips,
geschmückt mit einem großen A,
im Staatsschatz zu Ekbatana.

»Lore«

Wie heißt der Papagei? wird mancher fragen.
Doch nie wird jemand jemandem dies sagen.

Er ward einmal mit »Lore« angesprochen –
und fiel darauf in Wehmut viele Wochen.

Er ward erst wieder voll und ganz gesund
durch einen Freund: Fritz Kunkels jungen Hund.

Lorus

Fritz Kunkels Pudel ward, noch ungetauft,
von einem Stiefmilchbruder Korfs gekauft.

Es trieb ihn, als er, hilfreich von Natur,
der sogenannten »Lore« Leid erfuhr,

sogleich zu ihr: worauf er, der nicht hieß,
sich ihr zum Troste »Lorus« taufen ließ:

den Namen also gleichsam auf sich nehmend –
und alle Welt durch diese Tat beschämend!

Korf selbst vollzog den Taufakt unverweilt.
Der Vogel aber war fortan geheilt.

Palmström an eine Nachtigall, die ihn nicht schlafen ließ

Möchtest du dich nicht in einen Fisch verwandeln
und gesanglich dementsprechend handeln,
  da es sonst unmöglich ist,
daß mir unternachts des Schlafes Labe
blüht, die ich nun doch notwendig habe!
  Tu es, wenn du edel bist!

Deine Frau im Nest wird dich auch so bewundern,
wenn du gänzlich in der Art der Flundern
  auftrittst und im Wipfel wohlig ruhst,
oder, eine fliegende Makrele
sie umflatterst, holde Philomele,
  (– die du mir gewiß die Liebe tust!)

Im Tierkostüm

Palmström liebt es, Tiere nachzuahmen,
und erzieht zwei junge Schneider
lediglich auf Tierkostüme.

So z. B. hockt er gern als Rabe
auf dem oberen Aste einer Eiche
und beobachtet den Himmel.

Häufig auch als Bernhardiner
legt er zottigen Kopf auf tapfere Pfoten,
bellt im Schlaf und träumt gerettete Wanderer.

Der gekränkte Dackel
Scherenschnitt, 1928

Oder spinnt ein Netz in seinem Garten
aus Spagat und sitzt als eine Spinne
tagelang in dessen Mitte.

Oder schwimmt, ein glotzgeäugter Karpfen,
rund um die Fontäne seines Teiches
und erlaubt den Kindern ihn zu füttern.

Oder hängt sich im Kostüm des Storches
unter eines Luftschiffs Gondel
und verreist so nach Ägypten.

Si duo faciunt idem, non fit idem[1]

Zwei Hühner können wie ein Hund ausschaun,
sofern man sie in rechter Stellung sieht
und recht entfernt und wenn (wie oft geschieht)
das eine gelb ist und das andre braun.

Wogegen nie zwei Hunde wie ein Huhn
ausschaun können, wie man sie auch stellt –
und hätten sie die Farben aller Welt
und hätten nichts sonst auf der Welt zu tun.

1 Wenn zwei dasselbe tun, wird es nicht dasselbe.

III

Über die Liebe, im engeren und weiteren Sinne

Der erste Kuss

Wie sollte ich dir nicht eine Denktafel aufstellen wollen, und sei sie noch so klein, lieblichstes Ereignis meiner frühesten Knabenzeit, da ich den ersten und seligsten Kuß meines Lebens auf ein paar frische Mädchenlippen drückte!

Zwanzig Jahre sind seitdem verflossen; aber je älter ich werde, desto lebendiger und rührender steigt jene holde Begebenheit vor mir auf.

Es war in einem malerischen Dorf der oberbayrischen Hochebene. Die Sommergäste aus München, die sich in dem Gasthaus zur Post allabendlich versammelten, bereiteten ein Gartenfest mit lebenden Bildern vor, auf dessen einem meine kleine Person als Amor mitwirken sollte.

Was die etwa dreizehnjährige Tochter des Majors von K. dabei zu tun hatte, weiß ich nicht mehr; jedenfalls aber hatte sie mir damals meine kleinen Pfeile selbst ins Herz gedrückt; denn Amor selbst war der über die Maßen Verliebte.

Ich sehe sie noch vor mir.

Ihre Augen hatten das feuchte Braun von Waldteichen im Mondschein; ihr volles Haar, von demselben Ton und Glanz, umwellte weich, warm und schwer das bleiche Oval eines Madonnengesichts. Die schlanken Vorfrühlingsformen umfloß ein von den Schultern bis zu den Schuhen hinabfallendes lilabraunes Wollkleid, das unterm Busen ein Gürtel leicht um die Hüfte fing.

Sie war erst vor wenigen Tagen aus dem Kloster, in dem sie erzogen ward, in die Ferien gekommen; und eben dieser klösterlich strenge Hauch über einer warmsinnlich aufquellenden Natur machte sie doppelt geheimnis- und anziehungsvoll.

War es nun, daß sie sich an Amors Pfeilen selbst ein wenig verwundet hatte, oder auch nur eine mehr mütterliche Liebe der Älteren zu dem Sechs- oder Siebenjährigen im Spiele war; genug, eine plötzliche Flamme schlug über uns zusammen, als wir uns bei Gelegenheit einer Probe einen Augenblick zu zweien allein befanden.

Oh, die vollkommene Trunkenheit jenes Kusses, der rätselvolle Rausch jener ersten Annäherung, jenes unklare Glück, in das noch kein Verstand seine Lichter warf, und über das hinaus noch nichts nach anderen Genüssen verlangte!

Jene vielleicht feinste Blume der Liebe, die ahnungsvoll aufdämmernde Leidenschaft eines Kinderherzens, ich habe sie einen Augenblick meines Lebens kosten dürfen, um sie nie mehr aus meiner Erinnerung zu verlieren.

Es war damals das einzige Mal, daß wir uns küßten.

Mochte sie sich schämen? Waren wir nicht mehr allein? Ich weiß es nicht mehr.

Bald darauf reiste sie wieder ins Kloster zurück, und ich habe sie niemals wiedergesehen.

Ein einunddreißigster August

Das war der letzte leuchtende August:
Der Sommer gipfelte in diesem Tage.
Und Glück erklang wie eine Seegrundsage
in den Vinetatiefen[1] unsrer Brust.

Ein leises fernes Läuten kam gegangen –
und welche wollten selbst die Türme sehn,
in denen unsres Glückes Glocken schwangen:
so klar ließ Flut und Himmel sie verstehn.

Der Tag versank. Mit ihm Vinetas Stunde.
Septembrisch ward die Welt, das Herz, das Glück.
Ein Rausch nur wie von Tönen blieb zurück
und schwärmt noch über dem verschwiegnen Grunde.

Die beiden Flaschen

Zwei Flaschen stehn auf einer Bank,
die eine dick, die andre schlank.
Sie möchten gerne heiraten.
Doch wer soll ihnen beiraten?

Mit ihrem Doppel-Auge leiden
sie auf zum blauen Firmament ...
Doch niemand kommt herabgerennt
und kopuliert die beiden.

1 Vineta ist der Name einer sagenumwobenen Stadt an der Ostseeküste, die aufgrund der moralischen Verderbtheit ihrer Bewohner bei einer Sturmflut untergegangen sein soll.

Die beiden Esel

Ein finstrer Esel sprach einmal
zu seinem ehlichen Gemahl:

»Ich bin so dumm, du bist so dumm,
wir wollen sterben gehen, kumm!«

Doch wie es kommt so öfter eben:
Die beiden blieben fröhlich leben.

Igel und Agel

Ein Igel saß auf einem Stein
und blies auf einem Stachel sein.
Schalmeiala, schalmeialü!
Da kam sein Feinslieb Agel
und tat ihm schnigel schnagel
zu seinen Melodein.
Schnigula schnagula
schnaguleia lü!

Das Tier verblies sein Flötenhemd …
»Wie siehst Du aus so furchtbar fremd!?«
Schalmeiala, schalmeialü –.
Feins Agel ging zum Nachbar, ach!
Den Igel aber hat der Bach
zum Weiher fortgeschwemmt.
Wigula wagula
waguleia wü
tü tü …

Die Hochzeit der Dinge

Am Abend wenn der Mensch ist tot
  ti – ta – tot,
dann machen die Dinge Hochzeit,
  Hi – Ha – Hochzeit.

Dann heiratet das Holz den Stein
und bekommt mit ihm Kinderlein;
die werden wieder Hochzeiter
und so weiter.

Und auch die großen Lexika
schließen dann ihre Ehen.
Welch eine Sprachverwirrung wird da
von neuem wieder erstehen.

Dann werden sich endlich auch einmal
die Stiefel heiraten können
und Kinder kriegen ohne Zahl.
Es ist ihnen auch zu gönnen.

Ich wollte wohl, daß ich ein Stiefel wär,
daß ich da noch Leben hätte;
so zög ich lustig kreuz und quer
mit meiner Stiefelette.

Und sänge manch unsterblich Gedicht
auf ihre strahlende Schwärze
und schenkte ihr ein Kirchenlicht
und ein Pfefferkuchenherze.

Ja ja, die Welt ist rund und bunt
besonders um die Taille;
sie kommt sobald nicht auf den Hund,
die reizende Kanaille.

Bim, Bam, Bum

Ein Glockenton fliegt durch die Nacht,
als hätt' er Vogelflügel,
er fliegt in römischer Kirchentracht
wohl über Tal und Hügel.

Er sucht die Glockentönin BIM,
die ihm vorausgeflogen;
d. h. die Sache ist sehr schlimm,
sie hat ihn nämlich betrogen.

»O komm« so ruft er, »komm, dein BAM
erwartet dich voll Schmerzen.
Komm wieder, BIM, geliebtes Lamm,
dein BAM liebt dich von Herzen!«

Doch BIM, daß ihr's nur alle wißt,
hat sich dem BUM ergeben;
der ist zwar auch ein guter Christ,
allein das ist es eben.

Der BAM fliegt weiter durch die Nacht
wohl über Wald und Lichtung.
Doch, ach, er fliegt umsonst! Das macht,
er fliegt in falscher Richtung.

Das Wörtlein

Kürzlich kam ein Wort zu mir,
staubig wie ein Wedel,
wirr das Haar, das Auge stier,
doch von Bildung edel.

Als ich, wie es hieße, frug,
sprach es leise: ›Herzlich‹.
Und aus seinem Munde schlug
eine Lache schmerzlich.

Wertlos ward ich ganz und gar,
rief's, ein Spiel der Spiele,
Modewort mit Haut und Haar,
Kaviar für zu viele.

Doch ich wusch's und bot ihm Wein,
gab ihm wieder Würde,
und belud ein Brieflein fein
mit der leichten Bürde.

Schlafend hat's die ganze Nacht
weit weg reisen müssen.
Als es morgens aufgewacht,
kam ein Mund – es küssen.

Die Frau mit den drei Gesichtern
Scherenschnitt, 1928

Liebeserklärung des Raben Ralf an die Räbin Louise Broxak

Tôr! tôr! tôr!
  broxak! broxak!
kokoloko? klokoko!

Serbo – serbo –
  broxak! broxak!
kolkrekolo! krekloko?

Kar! Kar! Kar!
  broxak! broxak!
Kalakaka! Kralkaka!

IV
Dramatisches

Die Bierkirche
(Eine Berliner Szene)

PROFESSOR STEINHOFER
ERICH KALKSCHMIDT
EMPFANGSZIMMER BEI STEINHOFER

KALKSCHMIDT. Guten Tag. Mein Name ist Kalkschmidt.

PROF. STEINHOFER. Mir ein großes Vergnügen. Was verschafft mir die Ehre?

KALKSCHMIDT. Sie kennen mein Etablissemang ja woll, Herr Professor.

PROF. STEINHOFER. Versteht sich. Mein Sohn ist sogar Stammgast –

KALKSCHMIDT. Stimmt. Also die Sache ist die. Ich will mir nämlich vergrößern.

PROF. STEINHOFER. Ja, ich hörte schon.

KALKSCHMIDT. So.

PROF. STEINHOFER. Sie haben doch das Grundstück Ecke Motzstraße gekauft?

KALKSCHMIDT. Jawoll. Und Sie, Herr Professor, Sie möcht' ich mir jetz noch dazu kaufen, verzeihen die Ausdrucksart. Aber ich bin 'n Mann aus dem Volke – ich habe als Brauknecht angefangen – und geh immer gleich gern aufs Ganze.

PROF. STEINHOFER. Ich stehe Ihnen völlig zur Verfügung; Sie wollen also dort ein neues Restaurant –

KALKSCHMIDT. Restaurang? Nee. Was ich jetz habe in der Jägerstraße is 'n Restaurang, aber das an der Motzstraße, das soll eins der großartigsten Gebäude von Berlin werden. Deswegen komm' ich ja auch zu Ihnen, Herr Professor.

PROF. STEINHOFER. Sehr schmeichelhaft. Etwas Ähnliches demnach wie »Altbayern«, wie?

KALKSCHMIDT. Sehn Se, Herr Professor, jetz haben wer's. Nur mit der einzigten Unterscheidung, daß an mein Projekt, so wie ich mir die Sache denke, »Altbayern« und »Rheingold« zusammen noch nich mal tippen können.

PROF. STEINHOFER. Sie machen mich ja höchst neugierig.

KALKSCHMIDT. Also kurz –! Das Grundstück kennen Sie?

PROF. STEINHOFER. Ja.

KALKSCHMIDT. Platz haben Sie also genug zum Bauen. Es muß aber auch so sein. Denn was ich will, das is, –– kurz und gut, Herr Professor, ich möcht' das Haus so haben wie 'ne Kirche!

PROF. STEINHOFER. Wie meinen Sie das, Herr Kalkschmidt?

KALKSCHMIDT. Akkurat so wie ich's sage. Von außen wie von innerlich soll es 'ne Kirche sein, und zwar 'ne schöne Kirche, nich bloß so wie die Kaiser Willem Gedächtnis, nee, so 'ne Kirche, wie se in Venedig sind mit prächtigen Bildern und alles vergoldet und gemalter Plafong[1] und echter Carrara und alte Schnitzereien und Säulen und bunte Fenster mit Heiligen –

1 Richtig: Plafond: (franz.) Decke.

PROF. STEINHOFER. Ich verstehe Sie absolut nicht. Sie können doch einen Bierpalast nicht in Form einer Kirche bauen; Sie meinen offenbar einen Phantasiebau mit einem Saal darin oder einer Halle meinetwegen – kirchlichem Charakter sich nähernd – oder vielleicht so 'ner Art Klosterrefektorium – oder so was Ähnlichem, nicht?

KALKSCHMIDT. Nee, nee. Ick meine ganz richtig 'ne Kirche – 'ne richtige Kirche mit Schiff, oder wie man's nennt, und Seitenkapellen und Balkongs und Kanzel und Orgelorchestrion und, nich zu vergessen, 'n Turm mit 'ner Glocke drin, aber det alles zur Abwechslung mal nich für Leute, die beten wollen oder dergleichen, sondern für solche, die mein Bier trinken und meine Menüs essen.

PROF. STEINHOFER. Ja, aber das können Sie doch nicht, lieber Herr Kalkschmidt.

KALKSCHMIDT. Warum kann ich nich? Geld spielt keine Rolle. Können nur Sie, Herr Professor; ich kann alles. Sie können zwölf Millionen, Sie können auch vierundzwanzig Millionen verbauen. Das kommt bei meine Herrn modernen Berliner alles wieder 'rein. Das is 'ne Rasse, die wo mit sich leben läßt. Aber zu nehmen wissen muß man se. Bloß immer was Neues, was, wo er's Maul aufreißt. Is das erst offent, denn hat auch mein Bier 'n Abfluß, und det zweite, was er denn aufreißt, is sein Jeldbeutel. Aber solide, das versteht sich. Nich so, wie früher, Ramschbazar. Alles echt, Stoffe, Marmor, feine Hölzer, gute Arbeit, modernstes Kunstjewerbe, tadellose Küche, Extrajarderobe, betreßte Diener, dabei zivile Preise, mit einem Wort: Dat Beste is gerade gut jenug. Un deswegen bleib' ich nich erst beim Rittersaal und beim japanischen Jötzentempel, deswegen geh ich gleich lieber aufs Janze und sage: Baut Ihr Bierpaläste und Weinschatôs[2], so viel Ihr wollt, ich baue 'ne Bierkirche. Ob Se die nu romanisch machen, Herr Professor, oder jotisch oder maurisch oder was es sonst noch jiebt, das is mir – Sie verzeihen den Volksausdruck – Seefe[3]. Hauptsache is die Pracht, die Se dabei herausspringen lassen. Sehen Se, ich dacht' ja zuerst was anderes. Ich dacht' mer so als Hauptzugstück 'nen sogenannten Talersaal, d. h. 'nen Saal, wo alle vier Wände mit außer Kurs gesetzten Talerstücken gepflastert sind, immer ein Taler neben dem andern. Se könn'n sich leicht ausrechnen, was das gekost' haben würde. Aber 'ne Kirche is noch besser; 'ne Kirche zieht noch ganz anders. Passen Se Achtung, da kommen se von Frankfurt bis Neustrelitz, ja wat sage ich, bis von Stettin und von Hamburg werden se am Sonntag rüberkommen und in meine Kirche laufen.

PROF. STEINHOFER. Sie haben mich vorhin mißverstanden, verehrter Herr. Ich meine, Sie können Ihr Projekt vor allem deshalb nicht durchführen, weil Sie zu so was nie und nimmer die behördliche Erlaubnis bekommen.

KALKSCHMIDT. Nich! Was Sie sagen, Herr Professor. Aber verzeihen Sie, Sie sind 'n idealer Künstler und leben so, so – wie soll ich sagen – so 'n bißchen in den Wolken; – vom richtigen Leben aber, so wie es wirklich is, da glaub' ich, versteh' ich 'n ganz klein bißchen mehr, ich, Erich Kalkschmidt, ehemaliger Braugeselle aus Schöneberg.

2 Richtig: Château: (franz.) Schloss.
3 Seife, d. h. ›egal‹.

PROF. STEINHOFER. Na, wenn Sie meinen.

KALKSCHMIDT. Denn sehn Se, Geld is 'ne Macht, die macht alles. Die Genehmigung, die lassen Se mir man über. Vorderhand möcht' ich bloß erst mal Ihre Einwilligung in meinen Auftrag haben, Herr Professor.

PROF. STEINHOFER. Ja, es tut mir furchtbar leid, Herr Kalkschmidt. Ich will Ihnen jeden Bierpalast bauen, den Sie wollen und in welchem Stil Sie wollen, und wenn's 'ne getreue Nachbildung der Cheopspyramide sein soll – aber eine Kirche in der Art, wie Sie meinen, kann ich Ihnen nicht bauen.

KALKSCHMIDT. Nich! – Na denn nich. Und das is Ihr letztes Wort?

PROF. STEINHOFER. Ja, es muß das sein. Ihre Idee ist unausführbar Das wird Ihnen jeder sagen, und Sie werden es mit der Zeit wohl auch selbst einsehen.

KALKSCHMIDT. Na, darauf wollen wir's mal ankommen lassen, Herr Professor. Es gibt, verzeihen Sie, noch viele Professoren.

PROF. STEINHOFER. Hm.

KALKSCHMIDT. Na; denn empfehle ich mir erjebenst.

PROF. STEINHOFER. Hoffentlich – auf Wiedersehen, Herr Kalkschmidt!

KALKSCHMIDT. Ich glaube schwerlich. Sie kennen det moderne Berlin nich, Herr Professor. – Ihr Diener! –

V

Bemerk(ens)würdigkeiten

Schimpff und Schande

Eine bezüglich der Namen wahre Geschichte

Es war einmal eine Großmutter, die hatte zwei Enkel. – Daran ist nichts weiter. – Aber daß der eine Enkel, ihrer älteren Tochter Sohn, Gottlieb Schimpff hieß, indem daß sein Vater der Roßschlächter Schimpff war, den jedermann kennt; – aber daß der andere Enkel, ihrer jüngeren Tochter Sohn, Arthur Schande hieß, indem daß dessen Vater der Supernumerar[1] Schande war, den nur sein Vorgesetzter, sein Hund und meine Wenigkeit kennt – darin liegt unzweifelhaft ein ganzes kleines Erotennest schäkernder Gedankenputtchen.

- -

Schon als Kinder waren der kleine Schimpff und der kleine Schande unzertrennlich. »Es ist Schimpff und Schande!« rief die Gasse, in der sie aufwuchsen jedesmal, wenn irgend etwas Skandalöses vorfiel, und mit Recht! Denn die beiden Jungen steckten mit ihren losen Streichen hinter allem.

Als sie älter wurden, geschah es, daß Onkel Veit an ihnen Gefallen fand und – wie der Mars seine zwei Monde – wo er ging und stand die beiden Knaben ins Schlepptau nahm.

Eines Tages sprach er zu ihnen: »Packt eure Zahnbürsten ein, denn wir wollen eine Reise machen.«

1 Beamtenanwärter.

Als Onkel Veit am Schalter drei Fahrkarten löste, erschienen sie ihm ungeheuer teuer. »Schimpff und Schande!« rief er laut, indem er sich nach den beiden umwendete: »so viel Geld muß man dem Staate hinlegen, bloß weil er den Zonentarif nicht einführen will.«

»Wie, mein Herr!« schrie der Beamte durchs Gitter – »was haben Sie gesagt? Schimpf und Schande? Das ist eine Beleidigung der Obrigkeit!«

Mit kurzen Worten klärte Onkel Veit den Beamten über seinen Irrtum auf, und der gute Mann entschuldigte sich tausend Mal.

Die Reise nach München führte den Onkel über Graz. Als er die Details über das unverantwortliche Verhalten der Behörden bei den Rettungsarbeiten vor der Lugloch-Höhle[2] hörte, schlug er mit der Faust auf den Kneiptisch, an dem er saß, und rief seinen Neffen, die nebenan Billard spielten, zu: »Was meint ihr, Schimpff und Schande! so was wär' bei uns in Preußen doch nicht passiert!«

Sofort sprangen zwei der sonst so gemütlichen Österreicher auf ihn zu, um ihn voll Erbitterung in die Lugloch-Höhle zu schleifen.

Mit kurzen Worten setzte Onkel Veit den rabiaten Magistratspersonen ihren Irrtum auseinander, so daß diese nach tausend Entschuldigungen sich so weit verstiegen, ihm das »Du« anzubieten, was er jedoch leider nicht annehmen konnte.

Zwei Tage später wurde in München die Glyptothek besichtigt. Plötzlich rief Onkel Veit seinen Neffen, die

2 Im Mai 1894 wurden sieben Touristen durch Hochwasser in der Lugloch-Höhle bei Semriach in der Steiermark eingeschlossen. Sie konnten nach einer mehrtägigen spektakulären Rettungsaktion befreit werden.

etwas zurückgeblieben waren, mit Stentorstimme ein über das andere Mal zu, während er sich vor Lachen schüttelte: »Schimpff und Schande! Schimpff und Schande! Seht nur diese kolossalen Feigenblätter aus grünlackiertem Blech – Gott! wie sieht die Aegineten-gruppe[3] aus!«

Jedermann blickte – teils bei- teils abfällig – auf den Rufer, und zwei Beamte eilten mit fliegenden Zöpfen herbei, um den arglosen Onkel aufs Gröblichste in seinem beschaulichen Kunstgenuß zu stören und ihm die Türe zu weisen.

Mit kurzen Worten klärte Onkel Veit die Aufsichtsräte über ihren Irrtum auf, und die guten Leute entschuldigten sich tausend Mal. Am Abend nahm der liebe alte Herr das Paar ins Hoftheater mit. Er erhielt jedoch keine Plätze mehr – »denn« sagte der Billeteur, »das halbe Theater ist fest abonniert, so daß Sie am besten schon acht Tage vorher die Plätze bestellen, wenn Sie überhaupt welche bekommen wollen.«

»Schimpff und Schande!« rief Onkel Veit seinen Lieblingen zu – »das halbe Theater haben die Reichen gepachtet; natürlich wird da der Raum knapp. Schimpff und Schande! kommt gehen wir!«

»Wie?« kam ein Direktionsbeamter die Treppe herabgestürzt – »Sie erlauben sich Ausdrücke, mein Herr, – Sie sind ein Unver –«

Mit kurzen Worten erklärte Onkel Veit dem Manne, daß er sich im Irrtum befinde, und unter tausend Entschuldigungen entfernte sich dieser. Auf seiner Reise

3 Die Marmorskulpturen des Aphaia-Tempels auf Ägina, die Kronprinz Ludwig von Bayern 1812 für die Glyptothek erworben hat.

berührte das Kleeblatt noch mehrere Städte, kleine und große, von denen nur einige erwähnt seien.

So wurde das Städtchen Eschenbach in Mittelfranken besucht, das kürzlich ein Wolframs-Festspiel von Paul Heyse auf Veranlassung seines Benefiziaten zurückgewiesen hat, weil – ein Kuß darin vorkommt. Onkel Veit ging gerade über den Markt, als ein behäbiger Herr des Weges kam.

»Schimpff und Schande!« brüllte er den Jungen zu, die an einem Schaufenster stehen geblieben waren, und setzte dann etwas leiser hinzu: »Dort geht der Herr Benefiziat von Eschenbach.«

Der Bezeichnete verfärbte sich und winkte einem Nachtwächter, der zufällig über die Straße ging. Nachdem er diesem seinen Segen gegeben hatte, befahl er gegen den Onkel die Hellebarde zu fällen und ihn im Namen Gottes und des Gesetzes zu verhaften.

Mit kurzen Worten rechtfertigte sich Onkel Veit, indem er seine Neffen vorstellte, und die guten Männer baten von Herzen um Entschuldigung.

In Düsseldorf fragte der Onkel vergeblich nach dem Heine-Denkmal – »Schimpff und Schande!« rief er vor dem Rathause – »hier gibt es kein Heine-Denkmal.« Die Ratsherren sprangen staubschnaubend von ihren Urgroßvätersesseln und ließen den Rufer heraufzitieren. Als aber Onkel Veit den Sachverhalt erklärte, boten sie ihm in höchster Verlegenheit sogar einen Sitz im Beratungssaal an, was er jedoch leider nicht annehmen konnte.

In Leipzig – oder war es Dresden, Darmstadt oder Hamburg? – erfuhr er, daß die Duse[4] nicht auftreten

4 Eleonora Duse (1858–1924), ital. Schauspielerin.

würde, weil man daselbst die Aufführung der »Heimat« wie überhaupt anderer Dramen nicht wünschte.

»Schimpff und Schande!« rief er seinen beiden Knaben über die Straße hinüber zu – »in Leipzig darf kein modernes Stück aufgeführt werden.«

Im Nu war der arglose Onkel von zwölf Philistern umringt, welche mit den schweren Trotteln ihrer Schlafmützen auf ihn loszuschlagen im Begriff waren, wenn er nicht den »beleidigenden Ausdruck« zurücknehme.

»Ja, womit soll ich denn beleidigt haben?« fragte Onkel Veit und erklärte, auf seine Worte aufmerksam gemacht, den zwölf Philistern ihren Irrtum. Unter tausend höflichen Entschuldigungen verbeugten sich die gemütlichen Sachsen und gingen ihrer Wege. Nach Berlin zurückgekehrt, ging Onkel Veit eines Abends allein aus und spazierte die Linden entlang. In einem Hauseingang, neben dem es beständig klingelte, erregte eine Wachsfigurengruppe, eine Szene zwischen Balletteusen und Lebemännern darstellend, seine Aufmerksamkeit.

»Schimpff und Schande!« rief er mit seiner mächtigen Stimme – »guckt mal diesen würdigen Schmuck der vornehmsten Straße Berlins an!«

Ganz in Gedanken, hatte er vergessen, daß seine beiden Neffen heute in Friedrichshagen bei Pastor Hartung waren, und als er sich nach seinen Worten umsah, waren die Angerufenen natürlich nicht da, wohl aber eine Meute von Gigerln und Lebemännern, welche, ohne seinen Beteuerungen Glauben zu schenken – Teilnehmern eines sich auflösenden Fackelzuges ähnlich – ihre gewaltigen Stöcke über dem armen Onkel zusammenwarfen, um dann den enormen Scheiterhaufen mit Hülfe ihrer als Brenngläser benützten Monokels durch die Mondstrahlen in Brand zu setzen.

Als nach einigen Stunden ein Polizist erschien, war der Holzhaufen bereits so total niedergebrannt, daß der Mann des Gesetzes nur noch ein kurzes Gebet, als letzte Hülfeleistung, verrichten konnte. Aber Onkel Veit wird sich, ein Phönix, aus der Asche wieder erheben und noch manches Mal wird er seinen Neffen die Welt zeigen, indem er ihnen zuruft: »Seht, so läuft der Hase! Schimpff und Schande!«

Der Gingganz

Ein Stiefel wandern und sein Knecht
von Knickebühl gen Entenbrecht.

Urplötzlich auf dem Felde drauß
begehrt der Stiefel: Zieh mich aus!

Der Knecht drauf: Es ist nicht an dem;
doch sagt mir, lieber Herre, –: wem?

Dem Stiefel gibt es einen Ruck:
Fürwahr, beim heiligen Nepomuk,

ich GING GANZ in Gedanken hin …
Du weißt, daß ich ein andrer bin,

seitdem ich meinen Herrn verlor …
Der Knecht wirft beide Arm' empor,

als wollt' er sagen: Laß doch, laß!
Und weiter zieht das Paar fürbaß.

Das Nasobēm

Auf seinen Nasen schreitet
einher das Nasobēm,
von seinem Kind begleitet.
Es steht noch nicht im Brehm[5].

Es steht noch nicht im Meyer.
Und auch im Brockhaus nicht.
Es trat aus meiner Leyer
zum ersten Mal ans Licht.

Auf seinen Nasen schreitet
(wie schon gesagt) seitdem,
von seinem Kind begleitet,
einher das Nasobēm.

Die Schildkrökröte

»Ich bin eintausend Jahre alt
und werde täglich älter;
der Gotenkönig Theobald
erzog mich im Behälter.

Seitdem ist mancherlei geschehn,
doch weiß ich nichts davon;
zur Zeit, da läßt für Geld mich sehn
ein Kaufmann zu Heilbronn.

5 *Brehms Thierleben*, zoologische Enzyklopädie von Alfred Edmund Brehm (1829–1884).

Ich kenne nicht des Todes Bild
und nicht des Sterbens Nöte:
Ich bin die Schild – ich bin die Schild –
ich bin die Schild – krö – kröte.«

Der Sündfloh

Als schauerlich und grausenvoll
die Sündflut um die Berge schwoll,
kam noch im siebenten Moment
ein junger Floh herzugerennt.

Doch da das obligate Paar
von Flöhen schon im Kasten war,
so mußte Noah ihn bestimmen,
ins nasse Grab zurückzuschwimmen.

Voll Eifer gleichfalls protestierten
die beiden, die bereits logierten,
weil – riefen sie (besonders er) –
ein dritter nicht gestattet wär!

Der Sündfloh (denn er war es) blieb,
obschon verborgen wie ein Dieb,
und zwar (trotz Jahwen in der Höhe)
vom einen der zwei beiden Flöhe.

Von w e l c h e m braucht man nicht zu sagen;
doch ward sodann aus Vorzeittagen
das Dreieck, wovon Ibsen schreibt,
der Neuzeit wieder einverleibt.

Namenlos

Gruselett

Auf einem Felsen im Weltmeer,
drauf gespenstisch das Nordlicht brennt,
da lebt ein namenlos Wesen,
das niemand bisher noch kennt.

Es schwebt wie von Blut überflossen
von des Nordlichts gespenstischer Pracht.
Sein meersalzfahles Gefieder
webt Wunder in Weltallsnacht.

Es blickt mit strahlenden Augen
aufs Wellengewell und -gejohl …
Es hat einen – Fisch im Magen
und fühlt sich gewaltig wohl.

Es weiß nichts von Namen und Worten,
es kennt sich selbst nicht einmal …
Es *lebt* – ein namenlos Wesen
im namenlosen All.

Das große Lalulā

Kroklokwafzi? Sem̄emem̄i!
Seiokrontro – prafriplo:
Bifzi, bafzi; hulalem̄i:
quasti basti bo …
Lalu lalu lalu lalu la!

Hontraruru miromente
zasku zes rü rü?
Entepente, leiolente
klekwapufzi lü?
Lalu lalu lalu lalu la!

Simarar kos malzipempu
silzuzankunkrei (;)!
Marjomar dos: Quempu Lempu
Siri Suri Sei [ ]!
Lalu lalu lalu lalu la!

Anto-Logie

Im Anfang lebte, wie bekannt,
als größter Säuger der Gig-ant.

Wobei gig eine Zahl ist, die
es nicht mehr gibt, – so groß war sie!

Doch jene Größe schwand wie Rauch.
Zeit gab's genug – und Zahlen auch.

Bis eines Tags, ein winzig Ding,
der Zwölef-ant das Reich empfing.

Wo blieb sein Reich? Wo blieb er selb? –
Sein Bein wird im Museum gelb.

Zwar gab die gütige Natur
den Elef-anten uns dafur.

Doch ach, der Pulverpavian,
der Mensch, voll Gier nach seinem Zahn,

erschießt ihn, statt ihm Zeit zu lassen,
zum Z e h e n -anten zu verblassen.

O »Klub zum Schutz der wilden Tiere«,
hilf, daß der Mensch nicht ruiniere

die Sprossen dieser Riesenleiter,
die stets noch weiter führt und weiter!

Wie dankbar wird der Ant dir sein,
läßt du ihn wachsen und gedeihn, –

bis er dereinst im Nebel hinten
als N u l e l -ant wird stumm verschwinden.

Die Uhr

(Eine Moor-Mär)

Vor Jahren sank in einen Sumpf
ein ganz verstorbner Menschenrumpf.
In seiner Westentasche stak
ein Ührelein mit tik und tak.

Der alte Moosfrosch spitzt das Ohr
und spricht: »Es tickt in unserm Moor!
Ei, ei, wenn mich nicht alles trügt,
so han wir eine Uhr gekriegt!«

Die Schokoladenschlange sagt:
»Wie bald, so kommt die Wassermagd
und nimmt – so ist sie – uns zum Tort
die neue Sumpfuhr neidisch fort!«

Und ehe noch das Tier geendet –
da siehst du schon herbeigewendet
die Hand der schnöden Wassernumpf!

Und wieder ward es still im Sumpf.

Die Zirbelkiefer

Die Zirbelkiefer sieht sich an
auf ihre Zirbeldrüse hin;
sie las in einem Buche jüngst,
die Seele säße dort darin.

Sie säße dort wie ein Insekt
voll wundersamer Lieblichkeit,
von Gottes Allmacht ausgeheckt
und außerordentlich gescheit.

Die Zirbelkiefer sieht sich an
auf ihre Zirbeldrüse hin;
sie weiß nicht, wo sie sitzen tut,
allein ihr wird ganz fromm zu Sinn.

Der Traum der Magd

Am Morgen spricht die Magd ganz wild:
»Ich hab heut nacht ein Kind gestillt –

ein Kind mit einem Käs als Kopf –
und einem Horn am Hinterschopf!

Das Horn, o denkt euch, war aus Salz
und ging zu essen, und dann –«
»Halt's –
halt's Maul!« so spricht die Frau, »und geh
an deinen Dienst, Zä-zi-li-ē!«

Der Lattenzaun

Es war einmal ein Lattenzaun,
mit Zwischenraum, hindurchzuschaun.

Ein Architekt, der dieses sah,
stand eines Abends plötzlich da –

und nahm den Zwischenraum heraus
und baute draus ein großes Haus.

Der Zaun indessen stand ganz dumm,
mit Latten ohne was herum,

Ein Anblick gräßlich und gemein.
Drum zog ihn der Senat auch ein.

Der Architekt jedoch entfloh
nach Afri – od – Ameriko.

Vertiefter Blick

Durch das Eßbare hindurch
schauen wir das Uneßbare;
durch das Korn, entsproßt der Furch',
schauen wir des Bäckers Haare.

So ist jedes Stück Natur
durch Gedankenflug zu adeln,
und nur der als Tor zu tadeln,
der dabei verkehrt verfuhr.

Der Meilenstein

Tief im dunklen Walde steht er
und auf ihm mit schwarzer Farbe,
daß des Wandrers Geist nicht darbe:
Dreiundzwanzig Kilometer.

Seltsam ist und schier zum Lachen,
daß es diesen Text nicht gibt,
wenn es keinem Blick beliebt,
ihn durch sich zu Text zu machen.

Und noch weiter vorgestellt:
was wohl ist er – ungesehen?
Ein uns völlig fremd Geschehen.
Erst das Auge schafft die Welt.

Sagen und Nichtsagen

Was sagt der Wind?
Du bist taub!
Du bist blind!
So sagt der Wind.

Was sagt das Laub?
Du bist blind!
Du bist taub!
So sagt das Laub.

Wer aber nichts sagt
(es faßt sich glatt)
das ist des Wichts Magd,
(der keine hat).

Moralische Ballade

Es war einmal ein Bleichgesicht:
An dessen Wiege saß sie nicht,
die Muse der Verständnisleiter
für Kunst und Künstler usw.

Jedoch das Bleichgesicht erhob
den Anspruch auf doch solches Lob, –
woraus sich mancherlei entwickelte,
wobei es dem und jenem prickelte.

Meingott, 's gibt viele Bleichgesichter,
nicht jeder Weiße ist ein Dichter,
nicht jeder Schwarze ist ein Mohr,
und keiner kann imgrund davor.

Allein es gibt auch jederzeit
Erkenntnis und Bescheidenheit.
Und wer sie hat, wird still gepriesen,
und wer sie nicht, hinweg gewiesen.

Herr Meier hält sich für das Maß der Welt.
Verständlich ist allein, was ihm erhellt.

Herr Meier sagt, wozu doch eure Kunst,
wenn nicht für mich! Sonst ist sie eitel Dunst.

Noch mehr, bei weitem mehr: Herr Meier meint,
daß dann die Kunst im Grunde sträflich scheint.

Man muß sich eiligst von Herrn Meier wenden,
um nicht mit Mord und Raserei zu enden.

Das Huhn

In der Bahnhofhalle, nicht für es gebaut,
geht ein Huhn
hin und her …
Wo, wo ist der Herr Stationsvorsteh'r?
Wird dem Huhn
man nichts tun?
Hoffen wir es! Sagen wir es laut:
daß ihm unsre Sympathie gehört,
selbst an dieser Stätte, wo es – »stört«!

Vom neuen Weibe

(Rhapsodie)

Und weiße Pröbste
gingen auf den Wiesen
und
aßen Öbste,
die sie bald vergaßen,
vom tauben Mund
der Dinge, welche beim
Ersprießen
fließen,
als wie solche Trauben,
die, wenn sie reifen,
den sehr tiefen Reim
auf Rauben
wie zum Greifen
uns erlauben; –
und Nächte brachen auf –
wie Wunden zum
Betasten fahler Tode
Verse sprechen
und stumm
den Star der Weltpagode
stechen –
indem
ein wundes Lächeln
durch die Silben
der irren Tröste
in die Wüste sehnte,
als dehnte
im Vergilben

sich erlöste
Verwirrung nach dem Lehm,
den Rosen fächeln …

Aus lametta vom christbaum der siebenten erleuchtung

(Von einem Adepten)

Ich wünschte daß ihr jene pfade trätet
Auf denen unsre antilopen-süchte
Den myrrhenduft berauschenderer früchte
Genossen als um die ihr glücklich bätet –

Daß weid und pappel ihres matten silbers
Entwohnten zierrat euch zu knieen schütte
Indes zum tempelhof des weltvergilbers
Die knaben wallen wein in buchner bütte.

Dann würden eure wunden durch die gitter
Der allzustrengen Schergen röter bluten
Und eure Seelen auf dem hochgeschuhten
Kothurn des engels nahn dem kranz der ritter.

Zimmerfreuden

Wenn ich mittags fenstersteh
und die große Landschaft seh,
dampft mir plötzlich Bratenrauch
in den reinen Tannenhauch.

Regst umsonst vom Erdenjoch
Flügel der Ekstase –
Ochs und Hammel steigen noch
Göttern in die Nase.

Aus: Korfs und Palmströms Zwiespalt oder Palmström wird Staatsbürger

Palmströms Verhaftung

Palmström weigert sich (ganz selbstverständlich)
irgendwelchen Heeresdienst zu tun.
Doch wer immer schilt dies feig und schändlich.

Denn man ist noch rings um ihn katholisch
oder protestantisch usw.
und da gilt es noch als diabolisch
einen Christenmenschen nicht zu morden,
heischen dies Gott, König, Vaterland.
Palmström ist hierauf verhaftet worden.

Im Gefängnis

Im Gefängnis sitzt der Brave.
Doch er sagt sich: ins Gefängnis
sollte jeder, der kein Sklave.

Alle wahrhaft freien Seelen
sollten diese ihrer einzig
werte Stätte nicht verfehlen.

Ohne Murren, ohne Zucken
sollten sich der Freien Nacken
unter der Gewalt Joch ducken.

Bis das Volk der breiten Fährte
erst durch Staunen, dann durch Denken
gleichfalls sich zur Freiheit klärte.

Korfs Nahen

Korf geht mitten durch die Wachen,
die ihn pflichtbeflissen greifen,
doch sie greifen in die Leere.

Und sie stoßen die Gewehre
hin und her durch ihn, doch heiter
wandert er zu Palmström weiter.

Korfs Besuch

Mit dem Wärter, der das Essen
bringt, betritt er die Kamurke,
drin sein Freund, der Schurke Palmström
haust.

Stotternd, stolpernd, stürzt der Wächter
fort und fabuliert von Geistern,
die er nicht zu meistern wisse …
Man

kommt in corpore gelaufen …
Alle werfen sich auf Korfen ––
Doch umsonst geworfen! Korf ist –
Geist …

Palms Entlassung

Es ist unmöglich, Palmström zu behalten
(obwohl er selbst am liebsten bleiben möchte);
denn Korfs Erscheinung ist nicht auszuschalten.

In zwölf Gefängnissen ist Palm gewesen …
Doch haben überall so Direktoren
wie Untergebne den Verstand verloren.

So daß man ihn mit aufgehobnen Händen
zuletzt beschwört, sich heimwärts zu entschließen,
und ihm erlaubt, niemanden totzuschießen.

Eines Tages pocht ein ernster Herr
an die Tür und stellt sich vor und spricht:
»Sie sind doch Herr Palmus Palmström, nicht?

Ich bin sozusagen hergeschneit
von den ernsten Männern unsrer Zeit,
insbesondere von der Schreibrichkeit.

Ich bin selber Schreibrich, wie bekannt.
Kurz und gut, wir würdigen Ihr Wesen.
Prächtig ist dies Nichtvielfederlesen.

Mutig gehn Sie stets auf alles los,
Scherz und Ernst: Sie sind in beidem groß.
Und Ihr Freund ist schlechterdings famos.

Doch just eben dies, verstehn Sie recht …
Dieser Zwiespalt! halb sind Sie – Hanswurst –
halb von Don Quichotischem Geschlecht …

Seien Sie doch eins von beidem ganz!
Oder teilen Sie sich, wenn Sie wollen
mit Herrn Korf in jene beiden Rollen!

Sehn Sie, wir sind da um kunstzurichten.
Ein Charakter sei so oder so.
Ihren Ernst verkennen wir mitnichten,

doch Sie nehmen hier zu viel auf sich!
Etwas bleibt an Ihnen – lächerlich!
Sehn Sie zu, wie Sie den Zwiespalt schlichten.«

Zwei Kletterer (Palmström und Korff)
Scherenschnitt, 1928

VI
Erfindungen

Die Schallmühle

Ein Märchen

Es war einmal ein Mann mit so feinen Gehörsnerven, daß er auf den Gedanken kam, die Schallwellen der ganzen Welt in allerwärts angebrachten Trichtern aufzufangen und mit ihnen eine eigens dazu gebaute, kunstvolle Mühle zu treiben.

Gedacht, getan.

Nachdem er mit Hilfe eines gewiegten Fachmannes die technische Seite der Frage erledigt hatte, begann er seine Trichter aufzustellen und ging dabei mit einem wahren Feuereifer zu Werke. Überall, wo Wagen rollten, Parlamente zankten, Massen lärmten, Glocken geläutet oder Schlachten geschlagen wurden, war er zur Stelle; aber auch das Geflüster heimlicher Lauben, der Bienen Summen, der Vögel Singen, der Felder, Wälder und Wogen Rauschen verschmähte er nicht, so daß das feine, fast unsichtbare Räderwerk der Mühle keinen Augenblick stillstand; denn wenn alles versagte, so redete doch immer noch ein um seinen Thron bekümmerter Landesvater oder ein böses Eheweib, oder eine Grille zirpte, oder ein Patriot rief im Traum noch Hurra.

Er gewann dabei manche hübsche Erfahrung.

Den meisten Spektakel machte die Stadt Paris (denn die Amerikaner waren wegen der weiten Entfernung ausgeschlossen); am stillsten war es in Rußland, wo im übrigen jedem Trichter ein staatlicher Zensor beigestellt sein mußte. In Preußen wurde die Aufpflanzung der Trichter zwar im Prinzip nicht beanstandet, doch von der gleichzeitigen Aufpflanzung einer Reihe von Tafeln abhängig gemacht, auf welchen die Untertanen angewiesen wurden, was sie angesichts dieser Trichter zu tun oder zu lassen hätten, wofern sie nicht mit dem Strafgesetzbuch in Konflikt geraten wollten. Die Stadt Nürnberg erklärte, sie hätte an ihrem eigenen Trichter genug, während Wiesbaden sich deren drei erbat, wovon einer ganz allein vor den Dichter Lauff[1] hingestellt wurde.

Das war nun alles ganz schön und gut, – aber nun mußte man doch auch Korn zum Mahlen haben. Es mußte eine Getreideart aufgefunden werden, so fein, daß sie in dieser Schallmühle gemahlen werden konnte.

Es wurden demnach Leute in Erfahrung gebracht, von denen die Rede ging, sie könnten das Gras wachsen hören, und dieselbigen befragt, ob sie nicht vielleicht auch Getreide wachsen hören könnten, indem man ihnen das so Gehörte sodann gegen gutes Entgelt abzukaufen geneigt wäre. Die Herrschaften erklärten einstimmig, aber mit scheelen Blicken aufeinander, daß, wenn einer schon Gras höre, er Getreide erst recht hören könne, und versprachen, binnen Jahresfrist wiederzukommen und die Säcke ihrer Weisheit vor der Schallmühle abzuladen; was denn auch geschah, dem Erfinder und Besitzer derselben aber nur neue Sorge und Verlegenheit brachte.

Denn nun mußte jemand gefunden werden, der aus dem wunderlichen Mehl Brot backen konnte, und der fand sich natürlicherweise lange nicht.

1 Joseph von Lauff (1855–1933), königl.-preuß. Major und Schriftsteller, 1898–1903 Dramaturg am königl. Theater in Wiesbaden.

Endlich kam man einem Prinzeßchen auf die Spur, von dem es hieß, daß es aus Mondstrahlen seidene Tüchlein spinnen könnte und die zartesten Finger besäße, die je an eines Menschen Hand gesehen worden seien.

Das Prinzeßchen ließ sich denn auch durch vieles Bitten bewegen, auf geraume Zeit des Schallmüllers Gehilfin zu werden und fing rüstig an, darauflos zu kneten und zu backen, ein Brot nach dem andern und einen Kuchen nach dem andern, bis es wohl an die hunderttausend und mehr waren und der Meister nicht anders als zufrieden sein konnte.

Aber nun kam eine neue Not.

Da nämlich viele tausend Brote, aufeinandergelegt, erst die Dicke von Florpapier[2] erreichten, so mußten nun wieder erst Menschen oder Völker gefunden werden, welche zum Essen dieses Brotes tauglich und willig sein mochten.

Von einem Handelsmann, der just des Weges fuhr, ward man zufällig daran erinnert, daß die Norweger ein sogenanntes Flachbrot, die Schweden ein sogenanntes Krachbrot und die Juden das bekannte dünne Osterbrot oder Matze äßen, und beschloß, sich zunächst an diese drei Volksstämme zu wenden. Man berief daher einen Schweden, einen Norweger und einen Ebräer und legte ihnen die Frage vor, ob sie wohl dächten, daß mit dem Schallbrot nach ihren Ländern ein lohnender Handel getrieben werden könne. Der Schwede glaubte die Frage höflich aber bestimmt verneinen zu müssen, indem er sich im Hinblick auf die anmutige Zuhörerin der größten Artigkeit befliß; der

2 Buntpapier mit samtartiger Oberfläche.

Norweger brummte, wenn sie sich einen schlechten Spaß mit ihm erlauben wollten, so werde sich zeigen, daß er ein Nachkomme Harald Haarfagers[3] sei; und der Ebräer, ein alter Fuchs mit einem so langen und roten Barte, daß er seine Hände in ihn wie in einen Muff stecken konnte, wehrte ebenfalls, mit beiden Handflächen, die Einfuhr in sein Land ab; – aber, fuhr er fort, wenn man ihm die Prinzessin als Braut zugelobte, so wolle er sehen, was sich tun ließe und bis übers Jahr ein Absatzgebiet ausfindig machen; wozu er listig mit den Augen blinkerte: denn er war ein alter Zauberer und seiner Sache schon sicher.

Als das aber die beiden andern sahen und hörten, entbrannten sie mit einem Male und riefen, sie würben gleicherweise um die Schöne, und der solle sie bekommen, dessen Suchen am ersten von Erfolg gekrönt sein würde.

Die Prinzessin, die nun doch schon einmal in das Räderwerk der Schallmühle geraten war, ging auf das inständige Drängen ihres Herrn, des Schallmüllers, darauf ein; worauf sich alle drei allsogleich auf die Wanderschaft machten.

Der Norweger begab sich, wackerer Landesgewohnheit folgend, unverweilt auf eine Fahrt nach dem Nordpol, dessen noch unentdeckte Bewohner ihm in seinem Liebeswahn als die geborenen Förderer und Vertilger des neuen Brotes erschienen; der Schwede eilte zu seinem berühmten Landsmanne Hedin[4], um ihn zu einer Reise ins Innere Afrikas zu bereden, wo,

3 Harald I. (»Schönhaar«; um 852–933) war der erste König Norwegens.

4 Sven Hedin (1865–1952), schwed. Geograph und Entdeckungsreisender.

nach Herodot, der Stamm der Pygmäen hausen sollte; nur der Jude setzte die Hotels und Bahnverwaltungen nicht weiter in Nahrung, indem er sich einfach in einem nahegelegenen Orte ein stilles Dachzimmer mietete und dort, bei verhängten Fenstern und unter Aufstellung und Verbrennung allermöglichen Geheimmittel und wunderkräftigen Stoffe seinen Hokuspokus zu üben begann. Sein Plan war nämlich, die Geister und Gespenster zu beschwören und ihnen nach dem fabelhaften Brote den Mund wässerig zu machen; denn er war sich ihrer großen Neugier und Einfalt wohl bewußt und dachte daraus, ohne wie die andern sein Leben aufs Spiel zu setzen, seinen Nutzen zu ziehen.

Nachdem er etwa ein halbes Jahr scheinbar vergeblich gebraut und gebrodelt hatte und seinen roten Bart von all den Dämpfen und Säuren schon hatte fast gelb werden sehen, tauchte plötzlich eines Nachts ein Geist nach dem andern auf und bat mit beweglichen Worten und Gebärden, ihn doch nicht länger so zu quälen und nicht in einem fort, seit nun schon sechs Monden, nach seinesgleichen zu rufen.

Der Alte faßte sich sogleich und fing an, von einer seltsamen Entdeckung – die er noch nicht näher bezeichnete – zu schwatzen, welche er dem Geisterreich mitzuteilen für seine heilige Pflicht halte, weil er gewiß sei, daß es ihm dort ewig gedankt würde.

Er könne ja freilich, wenn sie ihre Ruhe so über alles liebten, auch ebensogut schweigen.

Aber nun ließen die schattenhaften Gesellen ihrerseits nicht locker, so daß er bald mit seinem Schallbrote herausrücken konnte, wenn er sich auch wohl hütete, den Standort der Mühle zu verraten.

»Du hast« – sprach einer der Geister zu ihm – »uns

mit deiner Nachricht fürwahr einen außerordentlichen Dienst erwiesen. Denn wir sind die hungrigsten Mäuler der Welt geworden, seit man aufgehört hat, unsere Grabstätten mit dem zu versehen, was uns auch im Leben das Liebste war, nämlich ein fetter Imbiß und ein herzhafter Schluck dazu. Ach, was hat man uns in früheren Zeiten alles mitgegeben, wie wurden unsere Hügel regelmäßig mit Schinken, Fischen, Kuchen, Metkrügen und dergleichen leckeren Dingen bestellt, wie überbot man sich in Aufmerksamkeiten, indem man uns unsern Regenschirm, unsere Gummischuhe, die Leibflasche, ein Spiel Karten, unser Pfeifchen, unser Feuerzeug, ja sogar unser Pferd oder Schiff mit ins Grab legte!«

»Ihr wollt also« – sprach der Alte – während alles wehmütig seufzte, »jene geheimnisvolle Mühle kennen lernen. Nun wohl, stellt Euch drei Mitternächte nach dieser am nächsten Kreuzweg im Osten des Fleckens ein, so werde ich Euch meine Bedingungen machen und Euch, sofern Ihr auf sie eingeht, zu meinem Freunde dem Schallmüller und seiner schönen Bäckerin, meiner hochadeligen Braut, geleiten.«

Kaum aber, daß der schwefelbärtige Fuchs dies gesagt hatte, geschah ein Sausen und Pfauchen und brachte die Schatten in wilde Verwirrung.

Es war der Nordpolfahrer, welcher soeben im ewigen Eise erfroren war und nun, als Geist, seinem noch lebenden Rivalen an die Kehle fuhr. Er durchkältete im selben Augenblick das ganze Gemach, so daß seine Gefährten laut klapperten und schnatterten und selbst den unerschrockenen Ebräer eine Gänsehaut überlief. »Erfahret denn«, – rief der Verewigte – »daß es dieses Mannes und seiner Bedingungen gar nicht bedarf;

denn ich selbst kenne das Ziel der Reise und werde Euch ungesäumt dahin führen.«

Der Alte gab das Spiel bereits verloren, als abermals ein Brausen und Pfauchen entstand, diesmal aber, als ob ein Strahl heißen Dampfes das Gemach durchzischte.

Es war der Afrikareisende, welcher soeben auf einem Festessen der Suahelis verspeist worden war und nun seinerseits als seliger Geist in die Situation eingriff. Er ließ sich zunächst von seinem Stammverwandten Auskunft erteilen, und wie sie beide miteinander sprachen; gab der eine von seiner Wärme, der andere von seiner Kälte ab, so daß sich nach und nach die Temperatur wieder ausglich.

Der Schwede war indessen immer noch genug Schwede, um dem derben Richterspruch des andern eine, wenn auch nicht minder ernste, so doch weit gefälligere Form zu geben. Er setzte dem alten Zauberer auseinander, daß es sozusagen eine Anstandspflicht für sie sei, ihn auf ihrem Zuge nach der Schallmühle mitzunehmen. Es wäre der größte Undank, wenn sie ihn jetzt allein ließen und die Früchte seiner Mitteilung allein ernteten. Dabei faßten sie ihn allesamt bei seinem mächtigen Bart und entführten ihn durch die Lüfte, wo er denn bald sein Irdisches verlor und von Grund aus einer der ihrigen wurde.

In der Schallmühle – oder vielmehr der daranstoßenden Bäckerei – herrschte in dieser selbigen Nacht ein arges Rumoren.

Dazu heulte der Kettenhund, und die Hauskatze kratzte an der verriegelten Tür, bis die Prinzessin gegen Sonnenaufgang aufstand und das arme Tier herausließ. Aber wie erschrak sie, als sie in die Vorratskammer eintrat und sämtliche Brotbretter, deren Boden zu bedecken sie jahrelang gebacken hatte, im Strahl der aufgehenden Sonne glänzend blank und leer und unschuldig daliegen sah, als hätten sie sich nie unter der Last der Schallbrote vor verhaltenem Lachen gebogen. Als sie noch so stand und dabei wie unbewußt die jungen Sonnenstrahlen durch die Finger laufen ließ, kam auch der Müller hinzu und übersah mit einem Blicke die Bescherung. Zugleich aber sah er noch etwas anderes, wofür ihm bisher in seinem Mehlstaub die Augen noch niemals klar genug geworden waren.

Wie nämlich das Prinzeßchen in seinem Morgengewande so vor ihm stand und unversehens ein wunderliebliches Sonnenstrahlentüchlein zusammennestelte, erschien sie ihm mit einemmal ein stattliches Jungfräulein geworden und schöner als alle Schallmühlen der Welt.

Er trat ganz in die Kammer hinein, und nun erst wurde das Mädchen seiner gewahr. Blitzschnell hob es das Goldgeweb vor sein Antlitz, wie ein Tränentüchlein, hinter dem es den großen Schmerz um die gestohlene Herrlichkeit verbergen wollte.

Der Müller aber sah gar wohl, daß ihre Augen dahinter voll innerlichster Schalkheit lachten, und eh sie noch wußte wie, hatte er sie auch schon mitten durch das Schleierlein auf den roten Mund geküßt, – worauf denn alsobald Hochzeit gehalten, das Mühlrad gestoppt und aus jedem Trichter eine Trompete gemacht wurde. Darauf gingen sie über die Berge, und niemand hat sie je wieder gesehen.

Wenn du aber eines tauigen Abends oder Morgens durch Wald und Feld streifst und an Gras und Strauch glitzernde Tüchlein hängen und wehen siehst, so wisse, daß niemand anderes als die kleine Prinzessin oder eines ihrer Kinder in dieser Gegend weilt, und hüte dich wohl, ihre holden Gebilde aus Licht und Luft mit rauher Hand zu berühren.

Die Tagnachtlampe

Korf erfindet eine Tagnachtlampe,
die, sobald sie angedreht,
selbst den hellsten Tag
in Nacht verwandelt.

Als er sie vor des Kongresses Rampe
demonstriert, vermag
niemand, der sein Fach versteht,
zu verkennen, daß es sich hier handelt –

(Finster wird's am hellerlichten Tag,
und ein Beifallssturm das Haus durchweht)
(Und man ruft dem Diener Mampe;
»Licht anzünden!«) – daß es sich hier handelt

um das Faktum: daß gedachte Lampe,
in der Tat, wenn angedreht,
selbst den hellsten Tag
in Nacht verwandelt.

Die Korfsche Uhr

Korf erfindet eine Uhr,
die mit zwei Paar Zeigern kreist,
und damit nach vorn nicht nur,
sondern auch nach rückwärts weist.

Zeigt sie zwei, – somit auch zehn;
zeigt sie drei, – somit auch neun;
und man braucht nur hinzusehn,
um die Zeit nicht mehr zu scheun.

Denn auf dieser Uhr von Korfen,
mit dem janushaften[5] Lauf,
(dazu ward sie so entworfen):
hebt die Zeit sich selber auf.

Palmströms Uhr

Palmströms Uhr ist andrer Art,
reagiert mimosisch zart.

Wer sie bittet, wird empfangen.
Oft schon ist sie so gegangen,

wie man herzlich sie gebeten,
ist zurück- und vorgetreten,

5 Janus ist die altrömische Gottheit des Anfangs und des Endes, des Ein- und Ausgangs; wird meist doppelgesichtig dargestellt; daher »januskÖpfig« für »zwiespältig«, »gegensätzlich«.

eine Stunde, zwei, drei Stunden,
jenachdem sie mitempfunden.

Selbst als Uhr, mit ihren Zeiten,
will sie nicht Prinzipien reiten:

Zwar ein Werk, wie allerwärts,
doch zugleich ein Werk – mit Herz.

Korf erfindet, eine Art von Witzen,
die erst viele Stunden später wirken.
Jeder hört sie an mit langer Weile.

Doch als hätt' ein Zunder still geglommen,
wird man nachts im Bette plötzlich munter,
selig lächelnd wie ein satter Säugling.

Palmström legt des Nachts sein Chronometer,
um sein lästig Ticken nicht zu hören,
in ein Glas mit Opium oder Äther.

Morgens ist die Uhr dann ganz »herunter«.
Ihren Geist von neuem zu beschwören,
macht er sie mit schwarzem Mokka munter.

Die Brillen

Korf liest gerne schnell und viel,
darum widert ihn das Spiel
all des zwölfmal Unerbetnen,
Ausgewalzten, Breitgetretnen.

Meistes ist in sechs bis acht
Silben völlig klargemacht,
und in ebensoviel Sätzen
läßt sich Bandwurmweisheit schwätzen.

Es erfindet drum sein Geist
etwas, was ihn dem entreißt:
Brillen, deren Energien
ihm den Text zusammenziehen!

Beispielsweise dies Gedicht
läse, so bebrillt, man nicht!
Dreiundsechzig seinesgleichen
gäben erst – ein – Fragezeichen!

Die Windhosen

Beim Windhosenschneider Amorf
erstehen sich Palmström und Korf
zwei Windbeinkleider aus best-
empfohlenem Nordnordwest.

So angetan wirbeln sie quer
und kreuz über Festland und Meer
und fassen die Schurken beim Schopf
und lassen die Guten beim Topf.

Der Wetterwart schaut sie und stutzt:
Zum ersten Mal sieht er verdutzt,
was sonst rein phänomenal,
im Dienst einer klaren Moral.

Die Schreibmaschine

Korf erfindet eine Schreibmaschine,
die, daß sie gewählten Zwecken diene,
nicht mit Farben schreibt, vielmehr mit Feuer
und auf Wolkenfetzen ungeheuer.

Sitzt er mitternächtlich an den Tasten,
glaubt man an ein meteorisch Glasten[6].
Doch es ist ein neu Poem, von Korfen
in den Raum zu kurzer Schau geworfen.

Massenweise strömt man zur Lektüre,
späht aus Speicherguck und Dachfalltüre,
und in blitzesschnellen Arabesken
liest man Korfs gigantische Grotesken.

Auf dem Söller seines Hauses kauernd
und auf Cumulus und Stratus lauernd
harrt er halbe Nächte, fabelnd, grübelnd,
und dem Raum sein blankes Blau verübelnd.

Nahen endlich wieder Wolkenlasten,
stürzt er sich gewaltig auf die Tasten;
und empor auf feurigen Kothurnen
funkeln Korfs phantastische Notturnen.

6 Scheinen, Schimmern, Glänzen.

Palmström stellt ein Bündel Kerzen
auf des Nachttischs Marmorplatte
und verfolgt es beim Zerschmelzen.

Seltsam formt es ein Gebirge
aus herabgefloßner Lava,
bildet Zotteln, Zungen, Schnecken.

Schwankend über dem Gerinne
stehn die Dochte mit den Flammen
gleichwie goldene Zypressen.

Auf den weißen Märchenfelsen
schaut des Träumers Auge Scharen
unverzagter Sonnenpilger.

Die Pastillen

Palmström geht herum mit einem Kasten
und verschenkt Pastillen gegen Husten, –
doch dieselben sind nicht einzunehmen.

Sondern, ehe man beginnt zu prusten,
muß man eine der verhaßten Pasten
in die Hand zu nehmen sich bequemen.

Zwischen Daumen dann und Zeigefinger
hält man sie als permanente Drohung –
und der Reiz im Halse wird geringer.

Nämlich, es gereicht zur mindren Frohung,
wenn die bittre Pille wird verspiesen.
Und so wird der Kitzel heimgewiesen.

L'art pour l'art

Das Schwirren eines aufgeschreckten Sperlings
begeistert Korf zu einem Kunstgebilde,
das nur aus Blicken, Mienen und Gebärden
besteht. Man kommt mit Apparaten,
es aufzunehmen; doch v. Korf »entsinnt sich
des Werks nicht mehr«, entsinnt sich keines Werks mehr
anläßlich eines »aufgeregten Sperlings«.

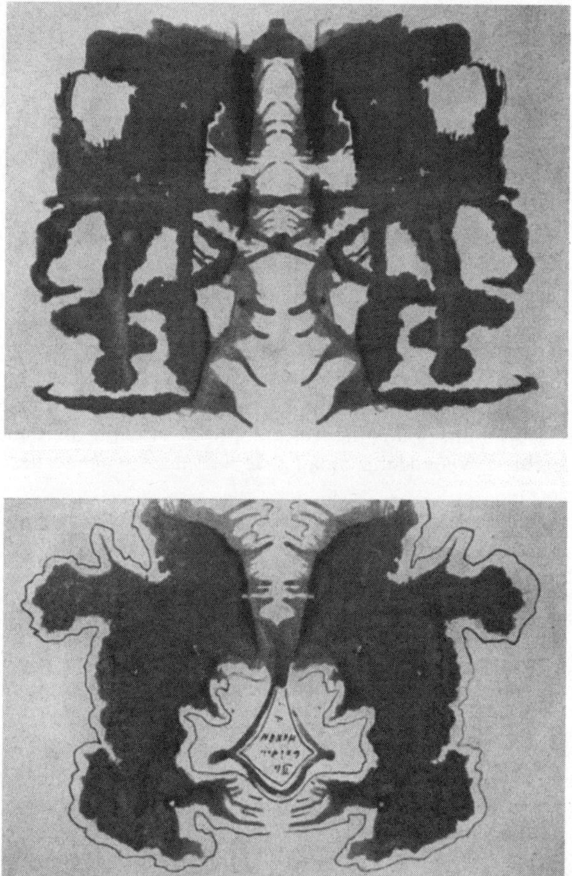

»Klecksographien«

VII

Vom Reisen, in Prosa und Versen

Lago di Garda

Du siehst vom Gestade des Kurortes Gardone auf die südliche Erweiterung des Gardasees hinaus. Unabsehbar ründet sich vor dir das tiefblaue Becken. In weiter Ferne gewahrst du das Cap Manerba, ein vom rechten Ufer hinausgeschobenes Vorgebirge, dessen Spitze dereinst ein Heiligtum der Minerva krönte, und in der Mitte des Sees die langgestreckte Isola di Garda, deren zypressenbestandene Felswände an die Toteninsel Böcklins gemahnen. Eine Barke stampft in den leichten Wellengang hinaus: sie will nach jener fernen Insel.

Ich liege im hinteren Teil des Bootes auf meinem Mantel. Meine Rechte hängt über Bord und furcht die hellaufplaudernde klare Flut.

Catull selbst ist es, der mich fährt.

Er rudert mich zu seiner Lesbia, die dort auf jenem Eiland in der Gestalt einer Eidechse lebt. Jedes Jahrhundert einmal taucht eine Barke mit ihm aus dem blauen Geheimnis der Tiefen und läßt ihn auf die Spanne weniger Stunden jene stille Insel gewinnen, wo seine Geliebte mit tausend flinken Gefährtinnen auf den sonnigen Steinen spielt. Lange muß er oft die verschlungenen Oliven- und Zypressengänge durchirren, bis er sie findet, und nichts andres vermag ihm dabei zu helfen als die rührende Stimme seiner Sehnsucht, mit der er die Seelen der zarten Tiere ihm zu lauschen zwingt, daß sie die Köpfchen nach ihm gewandt regungslos verharren, bis er an einem goldenen Halsreif die Geliebte erkennt.

Dann wendet er sich an sie allein und läßt nicht ab, ihr Herz mit süßen flehenden Liedern zu erschüttern, bis nicht ihren glänzenden Äuglein eine Träne entfallen: denn solange als das Naß dieses kostbaren Taues währt, gewinnt Lesbia ihre einstige Mädchengestalt wieder und darf des Dichters Liebkosungen empfangen.

Darum sucht er zuvor das Tierlein nach einem schattigen Felsen zu locken, etwa wo eine Spinne ihr kühles Netz über eine Spalte breitet, damit der teure Tropfe der durstigen Erde so lange wie möglich vorenthalten bleibe. Denn wenn sie ihn gesogen, verwandelt sich Lesbia in den Armen des Geliebten wieder und entschlüpft ihm, dem nun abermals hundert unterweltliche Jahre einsam zu verbringen bestimmt sind.

So erzählen mir die um meine Finger plaudernden Wasser des lacus Benacus, und ihre lieblichen Verrätereien endigt erst das Knirschen des Kiels auf den Hafensteinen der geheimnisholden Insel.

Ich verlasse den Kahn, und während mein Führer sich nach dem Innern des Eilands wendet, steige ich einen in die steile Uferfelswand gehauenen Pfad zum Plateau empor, auf welchem ein feierlicher Kreis uralter Zypressen von den Windläufen der nahen Dämmerung wie von erhabenen Weissagungen erschauert.

Der Geist einer unendlich hehren Tragik waltet über der Stätte, die mein Fuß nun scheu betritt.

An einen der mächtigen Stämme gelehnt, werd' ich, verborgen vom wachsenden Halbdunkel, Zeuge einer befremdlichen Szene. Auf dem Rasen vor mir, nur wenige Schritte entfernt, stehn zwei Gestalten einander gegenüber: ein edelgebildeter Jüngling mit dunklen Locken und jenem tiefen und kühnen Feuer in den braunen Augen, wie es der südlichen Rasse eignet, einen Mantel dunkler Blutfarbe um die Schultern geheftet und in der schlanken weißen Rechten eine ungeduldig und gespenstisch wallende und züngelnde Fackel, die soeben wie zum Schlage gegen einen hageren Greis ausholt, dessen vertrockneter, fast mehr noch mit Amuletts, Kreuzen, Rosenkränzen und ähnlichem als mit Lumpen behängter Leib von einem grauenvollen Lachen zu beben scheint, wie seine ruckweisen Bewegungen, seine widerlich verzerrten Züge zu deuten nahelegen.

Nun schwingt die schwere Fackel gegen die hohle Schläfe des Alten, – aber noch eh sie ihr Ziel erreicht, hat dessen blitzschnelle und scharfe Hippe sie geköpft, und – ob auch der Schaft wie durch ein Wunder sofort wieder nachwächst und von neuem brennenden Peche träuft – der Schlag ist abgewendet. Umsonst sucht der erbitterte Jüngling den Hageren zu überwinden. Der Fackelköpfe werden mehr und mehr, und die schwarzen Bäume röten und verdunkeln sich im Tanz der hin und her huschenden Flammen, die gleich ungeheuren Irrlichtern ein selbständiges Leben weiterzuführen scheinen. Im Rauch und Dunst, der sich schon in den Schleiern hereinbrechender Nacht verfängt und verwickelt, wachsen die beiden Feinde immer höher empor. Ein einziges Feuermeer wogt um sie, die Zypressen selber geraten in Brand und schwelen und schießen zischende Blitze aus ihren ehrwürdigen Nadeln.

Das fürchterliche Glühen und Sausen raubt mir die Besinnung. Ich trete fehl und stürze über den Rand des Felsens hinab in den See. Eine tiefe, aber angenehme Betäubung hält mich befangen. Ich fühle mich wie von unsichtbaren Händen immer tiefer in die Wasser hinaus und hinabgezogen. Meine Sinne haben kein andres Gefühl als das einer unendlichen, alles erfüllenden Bläue. Vergessen sind die streitenden Tode. Mir ist, ich sei in Nirwana eingegangen.

Menschliche Gestalten gleiten um mich und grüßen mich mit stummem Neigen. Männer und Frauen ziehen einzeln oder in Gruppen an mir vorüber, Kinder spähen mir mit verhaltner Neugier ins Gesicht, ein Greis zögert einen Augenblick, als bedächte er sich, ob er mich um ein Almosen angehen solle. Ich will ihn etwas fragen, aber ich habe keine Stimme mehr, selbst zu flüstern, ist mir nicht mehr gegeben. Es ist kein Zweifel: ich bin ein Ertrunkener unter Ertrunkenen. Lautlos und langsam gleite auch ich meines Wegs in der Richtung, welche der Bettler und die andern genommen. Ihr Zug, der sich mehrt und mehrt, scheint ein bestimmtes Ziel zu haben und sich der Oberfläche des Sees zu nähern. Die Last des Wassers wird leichter, wir heben uns fühlbar schneller empor. Die Flut verliert ihr schwärzliches Violett und wird durchsichtig wie blauer Kristall.

Auf dem blauen Kristall gleitet ein langer Schatten, und eintauchende Ruder drehen Wirbel um Wirbel in die klare Tiefe.

Die Barke Catulls!

Ich schwinge mich auf den Rand des Kahnes, geblendet und triefend zugleich vom jähen Glanz des verschwenderischen Mondes.

Catull nickt mir zu: da stehe ich schon an seiner Stelle und treibe statt seiner die Gondel durch die helle

Nacht. Wo sind meine schweigenden Gefährten geblieben? – Wo der Römer selbst? Ist seine Zeit schon verronnen? Hat er die schöne Lesbia geküßt, während ich den Bruderzwist der Todesdämonen belauscht? Wer mag gesiegt haben? Der königliche Genius? Der gespenstische Schleicher?

Meine Barke nähert sich unserm Ufer wieder.

Fern nun wieder im Süden, wo nun alles vom unendlichen Dämmer des Vollmonds erfüllt ist, umplätschert die scheue Welle eine stille geheimnisvolle Insel und lauscht hinüber, wo einst der Minerva schlanke Säulenhallen glänzten …

Und noch weiter im Süden umspült sie Sirmione, »il fiore delle penisole«, mit den Ruinen einer römischen Villa, darin der lebendige Catullus die lebendige Lesbia liebte, und die zweimal vom gastlichen Schritt des größten Juliers erbebte. Willst du noch weiter schauen? Sieh, wie das Mondlicht den mächtigen Krater des Veroneser Amphitheaters füllt, gleich dem Dufte jahrtausendtiefer Erinnerungen.

Vielleicht kannst Du Venedig schimmern sehn.

Und ahne Florenz, Rom, Neapel, wie die weiße Sonne der Nacht über ihren Träumen wandert.

Uralte Sehnsucht!

Ahnst du das Land? …

Siehst du Goethe in ihm stehen?

Es gibt ein Gespenst,
das frißt Taschentücher,
es begleitet dich
auf deinen Reisen,
es frißt dir aus dem Koffer,

aus dem Bett,
aus dem Nachttisch,
wie ein Vogel
aus der Hand.
Mit 18 Tüchern,
stolzer Segler,
fährst du hinaus
aufs Meer der Fremde,
mit acht bis sieben
kehrst du zurück,
ein Gram der Hausfrau.
Wehe, wehe,
nie sah ein Auge
den scheußlichen Alf,
doch tausend Tücher
schlingt er allnächtlich
in seinen
weltweit
verteilten
Bauch.

Nach Norden

Palmström ist nervös geworden;
darum schläft er jetzt nach Norden.

Denn nach Osten, Westen, Süden
schlafen, heißt das Herz ermüden.

(Wenn man nämlich in Europen
lebt, nicht südlich in den Tropen.)

Solches steht bei zwei Gelehrten,
die auch Dickens[1] schon bekehrten –

und erklärt sich aus dem steten
Magnetismus des Planeten.

Palmström also heilt sich örtlich,
nimmt sein Bett und stellt es nördlich.

Und im Traum, in einigen Fällen,
hört er den Polarfuchs bellen.

Westöstlich

Als er dies v. Korf erzählt,
fühlt sich dieser leicht gequält;

denn für ihn ist Selbstverstehung,
daß man mit der Erdumdrehung

schlafen müsse, mit den Pfosten
seines Körpers strikt nach Osten.

Und so scherzt er kaustisch-köstlich:
Nein, m e i n Diwan bleibt – westöstlich!

1 Charles Dickens (1812–1870), engl. Schriftsteller.

VIII
Sozusagen: Philosophisches

Philanthropisch

Ein nervöser Mensch auf einer Wiese
wäre besser ohne sie daran;
darum seh' er, wie er ohne diese
(meistens mindstens) leben kann.

Kaum daß er gelegt sich auf die Gräser,
naht der Ameis, Heuschreck, Mück und Wurm,
naht der Tausendfuß und Ohrenbläser,
und die Hummel ruft zum Sturm.

Ein nervöser Mensch auf einer Wiese
tut drum besser, wieder aufzustehn
und dafür in andre Paradiese
(beispielshalber: weg) zu gehn.

Palmström

Palmström steht an einem Teiche
und entfaltet groß ein rotes Taschentuch:
Auf dem Tuch ist eine Eiche
dargestellt, sowie ein Mensch mit einem Buch.

Palmström wagt nicht sich hineinzuschneuzen, –
er gehört zu jenen Käuzen,
die oft unvermittelt-nackt
Ehrfurcht vor dem Schönen packt.

Zärtlich faltet er zusammen,
was er eben erst entbreitet.
Und kein Fühlender wird ihn verdammen,
weil er ungeschneuzt entschreitet.

Palmas Mutter

Palmas Mutter sprach einst still und schlicht:
Nahst du Frauen, vergiß die Geißel nicht.

Und der Philosoph, vom Weib gequält,
hat der Welt dies blinden Munds erzählt.

Doch, man muß ein altes Weib verstehn:
»Nimm das Ding mit!« sprach sie. »Doch – für wen?

Für die Frauen, meinst du. Immerhin
birgt mein Rat noch einen zweiten Sinn.

Hängst du dieser zweiten Wahrheit nach,
wird dir tiefer aufgehn, was ich sprach.«

Palmas Mutter, manchem zum Verdruß,
gab nie einen Rat, der keine Nuß.

Die weggeworfene Flinte

Palmström findet eines Abends,
als er zwischen hohem Korn
singend schweift,
eine Flinte.

Trauernd bricht er seinen Hymnus
ab und setzt sich in den Mohn,
seinen Fund
zu betrachten.

Innig stellt er den Verzagten,
der ins Korn sie warf, sich vor
und beklagt
ihn von Herzen.

Mohn und Ähren und Cyanen[1]
windet seine Hand derweil
still um Lauf,
Hahn und Kolben …

Und er lehnt den so bekränzten
Stutzen an den Kreuzwegstein,
hoffend zart,
daß der Zage,

noch einmal des Weges kommend,
ihn erblicken möge – und –
(… Seht den Mond
groß im Osten …)

Muhme Kunkel

Palma Kunkel ist mit Palm verwandt,
doch im Übrigen sonst nicht bekannt.
Und sie wünscht auch nicht bekannt zu sein,
lebt am liebsten ganz für sich allein.

1 Kornblumen.

Über Muhme Palma Kunkel drum
bleibt auch der Chronist vollkommen stumm.
Nur wo selbst sie aus dem Dunkel tritt,
teilt er dies ihr Treten treulich mit.

Doch sie trat bis jetzt noch nicht ans Licht,
und sie will es auch in Zukunft nicht.
Schon daß hier ihr Name lautbar ward,
widerspricht vollkommen ihrer Art.

Wort-Kunst

Palma Kunkel spricht auch. O gewiß.
Freilich nicht wie Volk der Finsternis.

Nicht von Worten kollernd wie ein Bronnen,
niemals nachwärts-, immer vorbesonnen.

Völlig fremd den hilflos vielen Schällen,
frag sie nur in wirklich großen Fällen.

Frag den Zwergen niemals, nur den Riesen,
und auch nicht, wie es ihm gehe, diesen.

Nicht vom Wetter spricht sie, nicht vom Schneider,
höchstens von den Grundproblemen beider.

Und so bleibt sie jung und unverbraucht,
weil ihr Odem nicht wie Dunst verraucht.

Christian Morgenstern im Alter von 18 Jahren

Die Nähe

Die Nähe ging verträumt umher ...
Sie kam nie zu den Dingen selber.
Ihr Antlitz wurde gelb und gelber,
und ihren Leib ergriff die Zehr.

Doch eines Nachts, derweil sie schlief,
da trat wer an ihr Bette hin
und sprach: »Steh auf, mein Kind, ich bin
der kategorische Komparativ!

Ich werde dich zum Näher steigern,
ja, wenn du willst, zur Näherin!«
Die Nähe, ohne sich zu weigern,
sie nahm auch dies als Schicksal hin.

Als Näherin jedoch vergaß
sie leider völlig, was sie wollte,
und nähte Putz und hieß Frau Nolte
und hielt all Obiges für Spaß.

Palma Kunkeln naht die Frage,
was zum Kriegsproblem sie sage.

Längst im Innersten entschieden,
wünscht sie allen Menschen Frieden.

(Zwar zum Unterschied von vielen
freilich nur: mit großen Zielen.)

Doch sie weiß zugleich: auf Erden
sind die Menschen erst im Werden.

Ringsum ungeheure Horden
wollen noch das große Morden,

sind noch ganz durchleidenschaftet,
noch vom Geist zu schwach durchkraftet,

müssen erst noch lange reifen,
eh sie Gott und sich begreifen.

IX

Aphorismen über Literatur und Sprache

Literatur

1892

Es ist etwas Jämmerliches um einen Lyriker ohne Liebe. Was helfen da Mai und Nachtigallen und Mondscheinnächte. Trauriger Zustand.

1893

Wenn man als eine Seite des Humors diejenige im letzten Grunde tragische Stimmung des Gemütes bezeichnen will, in welcher dem körperlich der Natur unterworfenen Menschen die Selbstherrlichkeit seines Geistes als die conditio sine qua non zum frohen Bewußtsein kommt, so mag man diese Dichtung eine humoristische nennen.

1894

Alle Buchstaben, die je von Menschen geschrieben, zählen!

Ich betrachte als eine Aufgabe kommender Dichtergeschlechter, neue Mythen zu schaffen, und wir wollen ihnen schon vorarbeiten.

1895

Figuren, bei denen man sich unmöglich ein natürliches Ende denken kann.

Die beste Art von Glossen kann man leider nicht schreiben: die bestehen in Schnalzlauten, in Pusten, in Handbewegungen, Gesichtsverrenkungen und dergleichen.

Rechte wissenschaftlich gebildete Kritiker, etwa Gegenstücke zu mir, täten uns wahrlich not: Aber leider sind unsere wissenschaftlichen Kritiker wieder Literaturprofessoren, die zu lebendigen Bücherregalen geworden sind, so daß ihr erstes ist, die neue Erscheinung säuberlich einzurubrizieren.

Nur keine Abgoetherei treiben! In Freiheit den Genius verehren und ohne Menschenopfer.

Hauptgrundsatz: R e c h t e i n f a c h! Keine gelehrten Reminiszenzen! Menschlich! Ewige, unparfümierte Bilder!

1905

Der Sonderling. Seit Friedrich Schillers hundertstem Todestag habe ich diesen Dichter für mich Max Zottuk getauft; so sehr haben mir Presse und Publikum jeden Buchstaben des einst teuren Namens verleidet.

Jedem, der seine Gedanken niederlegt, blickt schon im Augenblick des Schreibens ein Größerer über die Schulter, sei es ein Vergangener, Lebendiger oder noch Ungeborener. Wohl dem, der diesen Blick fühlt: Er wird sich nie wichtiger nehmen, als ein geistiger Mensch sich nehmen darf.

1906

An unsere jungen Dichter: Geht ins Volk, mischt euch unter die gewöhnlichen Leute, sucht ihre Freundschaft zu gewinnen, sucht so reden zu lernen, daß sie euch verstehen wie ihresgleichen. Geht zu den verschiedensten Handwerkern, auf die Werften, in die Fabriken, in die Bergwerke; lernt vom Volk und für das Volk, seht zu, daß, was und wie ihr dann schreibt, jedem verständlich sein könne, der den guten Willen für euer Verständnis mitbringt. Laßt euch Jahre eures Lebens in einsamen Dörfern nieder, im deutschen Gebirge, an den Küsten, auf Inseln. Laßt euch vom glatten, charakterlosen Großstädter nicht das Bild des Menschen fälschen, obwohl man auch bei ihm leicht unter die Schale dringen kann. Denkt an Luther, wie er herumging in allen Werkstätten, um sich die Sprache für seine Bibelübersetzung zu bilden, wandert, soviel ihr könnt, werdet lieber Handwerksburschen als hoffnungsvolle Literaten, die von Gesellschaft zu Gesellschaft eilen, die sich ihre Ziele aus Theatern und Zeitschriften holen, die sich ästhetisch anregen lassen, statt immer wieder auf den Grund des Lebens zu gehen.

1907

Es gibt, wie jeder wohl zugeben wird, mancherlei vergnügte Stimmungen auf Erden. Eine der köstlichsten aber ist unzweifelhaft die Jagdfreude des Menschen von Humor, der, seinen Bleistift wie ein Gewehr in der Rechten, die Gassen durchpürscht und seine aufmerkenden Blicke wie zwei feinwitterige Hunde überall hinlaufen läßt. Beutebeladen kehrt er zu seiner Muse zurück. »Bringst was mit?« scherzt ihm die entgegen. »Da!« lacht er und wirft seine Fangschlingen in die Stube und seinen Rucksack. Halloh, das ist eine Lust! Halloh! Holla! Horridoh! Es lebe das königliche Vergnügen der Jagd!

Gedanken zu einer Philosophie des Humors

Ich definiere den Humor als die Betrachtungsweise des Endlichen vom Standpunkte des Unendlichen aus.

Oder: Humor ist das Bewußtwerden des Gegensatzes zwischen Ding an sich und Erscheinung und die hieraus entspringende souveräne Weltbetrachtung, welche die gesamte Erscheinungswelt vom Größten bis zum Kleinsten mit gleichem Mitgefühl umschließt, ohne jedoch ihr einen anderen als relativen Gehalt und Wert zugestehen zu können.

Der Humor ist sonach die höchste, aber auch die schwerste aller Weltbetrachtungen; denn er lehrt uns das tiefste Leid und Elend nur als eine Phase aufzufassen, die, aus dem Zusammenhang des Weltlebens gerissen, für sich allein keine absolute Beurteilung gestattet.

1909

Der humoristische Schriftsteller an seinen Verleger: Was ist für Sie ersprießlicher, als wenn Sie mich stets in guter Laune erhalten? Des Verlegers Antwort: Es heißt doch aber, daß die Humoristen gerade in ihren traurigsten Stunden die besten Sachen schreiben!

1910

Manchen Menschen würden Weihnachtskataloge, Zeitungsannoncen, und zu Mundwasser, Seife, Thermosflaschen, Petroleumöfen usw. beigepackte Erklärungen und Referate zur lebenslänglichen Lektüre völlig genügen.

1911

Man kann das Theater (beispielsweise) nicht reformieren, wenn man nicht zugleich den ganzen Geist der Zeit reformiert. Es ist der Irrtum unserer Zeit, daß sie meint, man könne wesentliche Probleme aus dem Zusammenhang herauspflücken und für sich allein lösen.

1912

Wir sollten gewisse Bücher mehrmals lesen, ehe wir darüber sprechen. Etwa einmal im Winter, einmal im Sommer – und manche noch in ganz anderen Intervallen. Was wir dann über sie zu sagen hätten, würde vermutlich ebensovielmal besser sein ... Und uns selbst würde solche Selbstzucht nicht nur zu besseren Lesern, sondern zugleich zu besseren Menschen machen.

Sprache

1895

Neues Wort »akkorden«. Es akkordete wundersam aus der Riesenharfe …

Das Wort ist ein Hut, den das Bewußtsein auf den nackten Gedanken setzt, und »es« sagt dazu: So, nun lauf hinaus, Junge.

Das Einzäunen der Worte »Rückkehr zur Natur«.

Philologenstreit über ein »Bischen, Bißchen oder Pißchen«.

Definitionen. Philister – viel ist er – viel liest er – wie liest er!

1896

Oft überfällt dich plötzlich eine heftige Verwunderung über ein Wort: Blitzartig erhellt sich dir die völlige Willkür der Sprache, in welcher unsere Welt begriffen liegt, und somit die Willkür dieses unseres Weltbegriffes überhaupt.

Du bist ein Gymnaseweis, mein Lieber!

1897

Worte und Sätze sind Windlauf und Wellengänge auf einem Meere, dessen Tiefe uns den Verstand rauben würde, wenn wir sie uns vorzustellen wagten.

1898

Man meint mit der Sprache die ganze Welt in seiner Gewalt zu haben. Und doch habe ich oft das Gefühl, als wären die Worte nur Knoten eines weitmaschigen Netzes, das wir über die Welt werfen. Ach, wieviel entschlüpft uns doch durch diese weiten Maschen. Man beobachte nur einmal, wie viele Geräusche sich jeder wirklich genauen Bezeichnung durch ein Wort entziehen. Man belausche die Brandung der See: Man wird nicht alles, was man hört, ausdrücken können. In »rauschen« z. B. ist nicht das hohle Gedröhn enthalten, das die aufschlagenden Wogen verursachen. In »donnern« wieder nicht ihr »Geräusch«.

Ein Lexikon, eine Sammlung wie tote Schmetterlinge aufgesteckter Wörter.

1901

Die gewöhnlichen Menschen machen die gewöhnlichen Wörterbücher. Man findet viel darin; aber gerade die bezeichnendsten, die intimsten Wörter einer Sprache fehlen fast durchweg. Höchstens trifft man einmal dies oder jenes als Kuriosität aufgeführt, mit der Bemerkung: veraltet oder: ungebräuchlich oder: am besten zu vermeiden.

1905

Ein Diletalent.

◡ – du Buchstabe mysticus.

1906

Der Ausdruck »Lieber Gott«, über den schon Nietzsche spottet, mußte in der Tat dem Deutschen zu erfinden aufgespart bleiben. Es sollte ihm nur einmal aufgehen, wie er sich selbst damit den Blick für die unaussprechliche Gewaltigkeit und Fürchterlichkeit des Weltganzen verdirbt, wenn er dessen höchster Personifikation das vertrauliche Wörtchen »lieb« voransetzt.

1907

Erst das Wort reißt Klüfte auf, die es in Wirklichkeit nicht gibt. Sprache ist in unsere termini zerklüftete Wirklichkeit.

Beim Dialekt fängt die gesprochene Sprache erst an.

Ich mag Worte wie gleichwohl oder immerhin gern leiden, denn sie erlauben, nach etwas Abfälligem noch eine Menge Anerkennendes zu sagen.

Nicht nur jedes Gleichnis hinkt, sondern auch jede Gleich u n g.

Das arme Mädchen war ganz und gar aus Phrasen zusammengesetzt. Ich habe keinen Satz von ihr gehört, der nicht aus einem verschluckten Buche abgelesen zu sein schien.

Das tränensäcksische a.

Man mag sagen, was man will, die Menschen tun soundso oft auch nichts andres als – bellen, gackern, krähen, meckern usw. Verfolge nur einmal die Tischgespräche einer Kneipe, die Ausrufe des Wirts, der Kellner, der Kartenspieler, kurz, all dies Geschwätz, was nichts weiter ist noch sein will als Essen, Trinken, Schlafen oder irgendeine sonstige einfache Lebensäußerung.

Prüfe gelegentlich deine Adjektiva nach.

Gewöhnen wir uns den Superlativismus ab. Schreiben wir nicht mehr geehrtest, ergebenst, achtungsvollst, herzlichst und schönst. Schließen wir nicht mit tausend Grüßen, sondern mit gar keinem; denn ein Brief, der den Namen verdient, ist doch an sich schon der Gruß. Umarmen wir uns auch nicht mehr brieflich – ich rede natürlich hier stets nur vom Briefwechsel unter Männern –; denn wenn ich schreibe: ich umarme Dich, so male ich damit ein Bild, so wird durch die Niederschrift aus einer im Leben spontanen Handlung eine starre Pose. Seien wir nicht so gedankenlos gerade in Herzenssachen.

Die meisten Menschen sprechen nicht, zitieren nur. Man könnte ruhig fast alles, was sie sagen, in Anführungsstriche setzen; denn es ist überkommen, nicht im Augenblick des Entstehens geboren.

Statt sehr geehrter Herr! könnte man doch viel einfacher schreiben: 5 e! Und statt hochachtungsvoll: 2 o.

1908

Welch ein Unterfangen, sich hinter Worten verstecken zu wollen! Man ist ja – diese Worte selbst.

Groß betrachtet ist alles Gespräch nur – Selbstgespräch.

Impressionismus – Eindrucktum.

Wenn ich bei einem Schriftsteller auf jeder Seite »die die« lese, so kann mir schon übel werden. Wozu hat der liebe Gott das schöne Wort »welche« geschaffen? Aber rede einmal einer dieser time-und-money-Zeit von welcher und derselbe!

Die Sprachreiniger sind, in gehöriger Entfernung betrachtet, keine ganz unnütze Gesellschaft. Ohne ihre Krämpfe nachahmen zu wollen, wird man sich oft von dem richtigen Grundsatz, von welchem sie ausgehen, angeregt fühlen, lieber deutsche als fremde Wörter zu setzen, da keineswegs immer die Entschuldigung zutrifft, das Fremdwort sei treffender als das heimische.

So habe ich in diesen beiden Sätzen die Wörter Puristen, Distanz, Exaltiertheiten, Prinzip und präziser ohne Mühe, aber auch nur deshalb vermieden, weil mich mein Thema selbst dazu bewog.

1909

Es gibt nichts Hemmenderes als Gemeinplätze und Redensarten. Jede Redensart ist die Fratze eigner Gedanken, ein »Mitesser« im Zellengewebe des Denkens.

Wie ist jede – aber auch jede – Sprache schön, wenn in ihr nicht nur geschwätzt, sondern gesagt wird.

1910

Der Rückschritt im Alphabet der Buchstaben von R zu K kann einen Fortschritt im Alphabet der Moral bedeuten: Starr – stark.

1912

In einer nicht ganz natürlichen Redeweise liegt eine Gefahr für den Sprecher wie für den Hörer. Das gilt vom persönlichsten Verkehr wie von dem mit der Öffentlichkeit. So gibt es, zum Beispiel, Menschen, welche immer ein wenig ironisieren. Sie nennen alles nicht so sehr beim Namen als bei irgendeinem Spitz- oder Übernamen. Damit wirken sie oft kurzweilig, öfter aber demoralisieren sie, ob auch nur um einen Schatten, sich wie den andern.

Margarete und Christian Morgenstern, 1910

Es gibt Menschen, welche Schlagworte wie Münzen schlagen, und Menschen, welche mit Schlagworten wie mit Schlagringen zuschlagen.

Nichts ist so verbreitet wie das Schlagwort. Es wird bis in die höchsten Geisteskreise hinauf gebraucht und hängt oft noch dem Scharfsinnigsten als Zöpfchen hinten.

Mit keinem Köder fischt Mephisto so glücklich als mit allem, was im Engeren und Weiteren unter den Begriff des Schlagworts fällt.

Wie sich in der Wortzusammensetzung »Heilsarmee« für den Deutschen eines seiner tiefsten Eigenworte mit einem seiner weltlichsten Fremdwörter verbindet, erscheint in der Heilsarmee selbst etwas Göttliches mit etwas sehr Irdischem gepaart, das vor dem Ur-Wort ebenso als Fremd-Wort empfunden werden kann (obzwar nicht muß) wie das Wort Armee vor dem Geist unsrer Sprache.

1913

Alles Schwätzen hat zur Grundlage die Unwissenheit um Sinn und Wert des einzelnen Wortes. Für den Schwätzer ist die Sprache etwas Verschwommenes. Aber sie gibt's ihm genugsam zurück: dem »Verschwommnen«, dem »Schwimmer«.

Mein kritisches Wörterbuch. Quacksalber, Kurpfuscher, Humbug usw. – Lieblingswörter des Philisters, der sich gewaltig über all das erhaben fühlt.

X

Erzähltes Leben

Autobiographische Notiz

Ich wurde am 6. Mai 1871 als einziges Kind des Landschaftsmalers Carl Ernst Morgenstern (Sohnes des Landschaftsmalers Christian Morgenstern) und seiner Ehefrau Charlotte Schertet (Tochter des Landschaftsmalers Josef Schertet) in München geboren und erlebte in unserm gegen Nymphenburg zu gelegenen – aller Kunst und heiteren Geselligkeit geöffneten – Hause mit parkartigem Garten glückliche, eindrucksreiche Kindheitsjahre. Meine Eltern reisten viel, zuerst aus Lebenslust, dann aus Rücksicht auf ein beginnendes Lungenleiden meiner Mutter, und nahmen mich schon von meinem dritten oder vierten Jahre an überallhin mit. Besonders ist mir eine lange Reise durch Tirol, die Schweiz und das Elsaß in Erinnerung, die im wesentlichen in einer von zwei unermüdlichen Junkern[1] gezogenen Kutsche zurückgelegt wurde. Dazwischen und später waren es dann die (damals noch ländlichen) bayerischen Seedörfer Kochel, Murnau, Seefeld, Herrsching, Weßling und noch später schlesische Dörfer am Zobten und im Vorland des Riesengebirges, die dem sehr viel einsamen und stillfrohen Knaben unvergeltbar Liebes erwiesen. Solch freundliches Los ward ihm zumal durch die Lebensführung des Vaters, der als freier Landschafter[2] sowohl, wie dann, als er an die

1 Leichte schnelle Zugpferde.
2 Freier Landschaftsmaler.

Breslauer Kunstschule berufen worden war, Sommer um Sommer ins Land hinauszog; wozu noch kam, daß er ihn, als eifriger Jäger, bisweilen in seinen Jagdgebieten und Jagdquartieren mit sich hatte.

Diese Jahre waren grundlegend für ein Verhältnis zur Natur, das ihm später die Möglichkeit gab, zeitweise völlig in ihr aufzugehen.

Sie waren aber auch nötig, denn bald nach seinem zehnten Jahre, in dem er die Mutter verlor, begann der Ansturm feindlicher Gewalten von außen wie von innen. Was sich bisher, gehegt und verwöhnt, daheim und im Freien so durchgespielt hatte – mein Spielen bildet für mich ein eigenes sonniges Kapitel – zeigte sich dem äußeren Leben, wie es vor allem in der Schule herantrat, weniger gewachsen. Es war, als wäre das Leidenserbe der Mutter, das doch erst zwölf Jahre darauf zu wirklichem Kranksein führte, schon damals übernommen worden; denn wenn auch mancher frische Aufschwung immer wieder weitertrieb, so setzten doch mehr und mehr jene dumpfen Hemmungen ein, die ihn wohl nicht hätten so zu Jahren kommen lassen, wenn nicht irgend etwas in ihm ebenso zähe für ihn gestritten und ihn über das Schlimmste immer wieder von neuem hinweggebracht hätte. Vielleicht war es diesselbe Kraft, die, nachdem sie ihn auf dem physischen Plan verlassen hatte, geistig fortan sein Leben begleitete und, was sie ihm leiblich gleichsam nicht hatte geben können, ihm nun aus geistigen Welten heraus mit einer Treue schenkte, die nicht ruhte, bis sie ihn nicht nur hoch ins Leben hinein, sondern zugleich auf Höhen des Lebens hinauf den Weg hatte finden sehen, auf denen der Tod seinen Stachel verloren und die Welt ihren göttlichen Sinn wiedergewonnen hat.

Sie mag ihm auch den Jugend- und Lebensfreund zugeführt haben, Friedrich Kayssler, dem die Sammlung *Auf vielen Wegen* (und wieviel anderes!) mit dem Danke gehört: »Wär der Begriff des Echten verloren / In Dir wär er wiedergeboren«.

In meinem 16. Jahre etwa wurde mir das erste Glück philosophischer Gespräche. Schopenhauer, vor allem, auch schon die Lehre von der Wiederverkörperung traten in mein Leben ein. Es folgte, Anfang der Zwanziger, Nietzsche, dessen suchende Seele mein eigentlicher Bildner und die leidenschaftliche Liebe langer Jahre wurde.

Die Aufgabe, Ibsens Verswerke zu übertragen, führte mich 1898 nach Norwegen. Ich lernte Henrik Ibsens teure Person kennen und durfte in den Übersetzungen von *Brand* und *Peer Gynt* mich innerlichst mit ihm verbinden.

Das Jahr 1901 sah mich über den *Deutschen Schriften* Paul de Lagardes. Er erschien mir – Wagner war mir damals durch Nietzsche entfremdet – als der zweite maßgebende Deutsche der letzten Jahrzehnte, wozu denn auch stimmen mochte, daß sein gesamtes Volk seinen Weg ohne ihn gegangen war.

Noch sechs Jahre darauf schrieb ich in mein Taschenbuch:

Zu Niblum will ich begraben sein,
am Saum zwischen Marsch und Geest …

Zu Niblum will ich mich rasten aus
von aller Gegenwart.
Und schreibt mir dort auf mein steinern Haus
nur den Namen und: »Lest Lagarde!«

Ja, nur die zwei Dinge klein und groß:
Diese Bitte und dann meinen Namen bloß.
Nur den Namen und: »Lest Lagarde!«

Das Inselchen Mutterland dorten, nein,
das will ich nicht verschmähn.
Holt mich doch dort bald die Nordsee heim
mit steilen, stürzenden Seen –
das Muttermeer, die Mutterflut …
o wie sich gut dann da drunten ruht,
tief fern von deutschem Geschehn!

Inzwischen war dem Fünfunddreißigjährigen Entscheidendes geworden. Natur und Mensch hatten sich ihm endgültig vergeistigt. Und als er eines Abends wieder einmal das Evangelium nach Johannes aufschlug, glaubte er es zum ersten Male wirklich zu verstehen.

Die nächsten Jahre – des Austragens, Ausreifens, Zu-Ende-Denkens – überstand er so, wie er sie überstand, eigentlich nur, weil ihm Gesundheit und Mittel fehlten, sich irgendwohin zurückzuziehen, wo er in völliger Unbekanntheit seine Tage hätte vollenden dürfen. Er war doppelt geworden und in der wunderlichen Verfassung, sich, sozusagen, groß oder klein schreiben zu können. (*In Einkehr, Ich und Du* und einer Sammlung Aufzeichnungen findet sich einiges aus diesem Abschnitt.)

Er konnte in einem Kaffeehause sitzen und fühlen: »So von seinem Marmortischchen aus, seine Tasse vor sich, zu betrachten, die da kommen und gehen, sich setzen und sich unterhalten, und durch das mächtige Fenster die draußen hin und her treiben zu sehen, wie

Fischgewimmel hinter der Glaswand eines großen Behälters, – und dann und wann der Vorstellung sich hinzugeben: Das bist Du! – Und sie alle zu sehen, wie sie nicht wissen, wer sie sind, wer da, als sie, mit *SICH* selber redet und wer sie aus meinen Augen als *SICH* erkennt und aus ihren nur als sie!« …

Und doch war solches Erkennen nur erst ein Oberflächen-Erkennen und darum letzten Endes noch zur Unfruchtbarkeit verurteilt.

So kam das Jahr 1908 –

»Da traf ich Dich, in ärgster Not: den Andern!
Mit Dir vereint, gewann ich frischen Mut.
Von neuem hob ich an, mit Dir, zu wandern,
und siehe da: Das Schicksal war uns gut.
Wir fanden einen Pfad, der klar und einsam
empor sich zog, bis, wo ein Tempel stand.
Der Steig war steil, doch wagten wir's gemeinsam.
und heut noch helfen wir uns, Hand in Hand.«

Der Andre war Sie, die mein Leben fortan teilte; der Pfad war der Weg theosophisch-anthroposophischer Erkenntnisse, wie sie uns heute, in einziger Weise, durch Rudolf Steiner vermittelt werden.

In dieser Persönlichkeit lebt ein großer spiritueller Forscher »ein ganz dem Dienste der Wahrheit gewidmetes Leben« vor uns und für uns dar.

Vor ihm darf auch der Unabhängigste sich von neuem besinnen und revidieren, vor ihm hat dies jedenfalls der getan, der immer am liebsten dem Worte nachleben wollte: – Vitam impendere vero.[3]

3 Sein Leben der Wahrheit widmen (Juvenal, *Satiren* 4,91).

Zeittafel

1871	Am 6. Mai wird Christian Morgenstern in München geboren.
1881	Tod der Mutter, Umzug zum Patenonkel nach Hamburg.
1882–1884	Besuch eines Internats in Landshut.
1884	Wieder beim Vater in Breslau; Besuch des Gymnasiums und (abgebrochene) Offiziersausbildung.
1890–1892	Nach Sorau, dort Abschluss des Gymnasiums.
1892	Studium der Nationalökonomie in Breslau; Beschäftigung mit Schopenhauer und Nietzsche.
1893	Ausbruch der Lungenkrankheit.
1894	Umzug nach Berlin, publizistische Tätigkeiten.
1895	Abbruch der Beziehungen zum Vater. *In Phantas Schloß* erscheint.
1897	*Horatius travestitus* und *Auf vielen Wegen.* Übersetzungen von Strindberg und Ibsen.
1898/99	*Ich und die Welt.* Bis zum Herbst 1899 in Norwegen.
1900	*Ein Sommer.* Kur in Davos.
1901–1903	In der Schweiz und Italien. Hamsun-Übersetzungen. *Und aber ründet sich ein Kranz.*
1903–1905	In Berlin, Arbeit als Redakteur bei einer Theaterzeitschrift.
1905	*Galgenlieder.* Arbeit als Lektor; Kur auf Föhr.
1906	*Melancholie.* Ruhelose Reisetätigkeit, Arbeiten für die Bühne. In Meran.
1908	Erste Begegnung mit der späteren Ehefrau Margareta Gosebruch von Liechtenstein.
1909	Bekanntschaft mit Rudolf Steiner und intensive Hinwendung zur Anthroposophie. Beitritt zur Deutschen Sektion der Theosophischen

Gemeinschaft. Reisen nach Norwegen und Ungarn.

1910 Heirat. *Palmström.* Reisen u. a. nach Sizilien; weitere Verschlimmerung der Lungenkrankheit.

1911–1913 In Italien und der Schweiz, Kuren, medizinische Behandlung in München. *Ich und Du.* Erwägt, Steiner für den Nobelpreis vorzuschlagen. Bei der Spaltung der Theosophischen Gemeinschaft hält er Steiner die Treue und wird Mitglied der Anthroposophischen Gesellschaft.

1914 Letzter Sanatoriumsaufenthalt in Gries; am 31. März Tod in Meran. Postum: *Wir fanden einen Pfad.*

Textnachweise

Die Texte der vorliegenden Ausgabe folgen der maßgeblichen vollständigen und kommentierten Morgenstern-Edition:

> Christian Morgenstern: Werke und Briefe (Stuttgarter Ausgabe). Unter der Ltg. von Reinhardt Habel hrsg. von Maurice Cureau [u. a.]. Stuttgart: Urachhaus, 1987ff.
> Bd. 1: Lyrik 1887–1905. Hrsg. von Martin Kießig. 1988. – Bd. 2: Lyrik 1906–1914. Hrsg. von Martin Kießig. 1992. – Bd. 3: Humoristische Lyrik. Hrsg. von Maurice Cureau. 1990. – Bd. 4: Episches und Dramatisches. Hrsg. von Reinhardt Habel und Ernst Kretschmer. 2001. – Bd. 5: Aphorismen. Hrsg. von Reinhardt Habel. 1987.

Auf sie wird im Folgenden unter Angabe der Band- und Seitenzahl verwiesen.

I
Von Tier und Mensch Erzähltes

14 1 4,19–26
23 1 4,30–32
25 1 4,105–107

II
Von Haus- und sehr anderen Tieren

29 1 3,184
30 1 3,87f.
31 1 3,63 2 3,179 3 3,178
32 1 3,85 2 3,203f.
34 1 3,180
35 1 3,196

36	1 3,182	2 3,159
37	1 3,275	
38	1 3,162	2 3,69
39	1 3,159	2 3,129
40	1 3,93	2 3,165
41	1 3,199	
42	1 3,65	2 3,98
43	1 3,86	2 3,241
44	1 3,230	
45	1 3,126	2 3,127
46	1 3,272	2 3,116
48	1 3,205	

III
Über die Liebe, im engeren und weiteren Sinne

49	1 4,55 f.	
51	1 2,161	2 3,74
52	1 3,94	2 3,87
53	1 3,160 f.	
54	1 3,68 f.	
55	1 1,662	
57	1 3,162	

IV
Dramatisches

58	1 4,319–323

V
Bemerk(ens)würdigkeiten

63	1 4,26–30	
68	1 3,73	
69	1 3,81	2 3,95

70	1 3,174f.	
71	1 3,213	2 3,61
72	1 3,81f.	
73	1 3,156f.	
74	1 3,183f.	
75	1 3,80	2 3,73f.
76	1 3,183	2 3,185
77	1 3,163	2 3,371f.
78	1 3,165	2 3,86
79	1 3,397f.	
80	1 3,389	2 3,158
81	1 3,260	2 3,260f.
82	1 3,261	2 3,261
83	1 3,262	2 3,262f.

VI
Erfindungen

86	1 4,49–55	
94	1 3,117	
95	1 3,117	2 3,118
96	1 3,250	2 3,251
97	1 3,252	2 3,252
98	1 3,255	
99	1 3,256	2 3,266
100	1 3,269	

VII
Vom Reisen, in Prosa und Versen

102	1 4,132–136
106	1 3,237
107	1 3,109
108	1 3,110

VIII
Sozusagen: Philosophisches

3,76 2 3,80
· 3,277 2 3,122 f.
1 3,125
1 3,127
1 3,131 f. 2 3,278

IX
Aphorismen

Literatur

116 1 5,100 2 5,100 3 5,101 4 5,101
117 1 5,101 2 5,102 3 5,102 4 5,102 5 5,103 6 5,110
118 1 5,110 2 5,110
119 1 5,118 2 5,118
120 1 5,123 2 5,124 3 5,146 4 5,125

Sprache

121 1 5,147 2 5,147 3 5,147 4 5,147 5 5,147 6 5,148
7 5,148
122 1 5,148 2 5,148 3 5,149 4 5,149
123 1 5,150 2 5,150 3 5,150 4 5,151 5 5,151 6 5,151
7 5,152
124 1 5,152 2 5,153 3 5,154 4 5,154 5 5,154
125 1 5,154 2 5,155 3 5,155 4 5,156 5 5,156 6 5,156
7 5,156
126 1 5,157 2 5,158 3 5,158 4 5,158
128 1 5,159 2 5,159 3 5,159 4 5,159 5 5,160 6 5,160

X
Erzähltes Leben

129 1 5,9–12

Verlag und Herausgeber danken dem Verlag Urachhaus für die Abruckgenehmigung der Texte und die Reproduktionsgenehmigung der Abbildungen auf S. 10, 113 und 127. Die Abbildungen auf S. 12, 27, 47 und 85 wurden entnommen aus: Christian Morgenstern, *Die Schallmühle, Grotesken und Parodien. Mit vier Scherenschnitten von der Hand des Dichters*, München: Piper, 1928.

Anthologien

Auswahl

Berlin, mit deinen frechen Feuern. 100 Berlin-Gedichte. 144 S. UB 9640

Blaue Gedichte. 136 S. UB 18097

Deutsche Anekdoten. 400 S. UB 9825

Deutsche Aphorismen. 395 S. UB 9889 – auch geb.

Deutsche Balladen. 647 S. UB 8501 – auch geb.

Deutsche Gedichte. 381 S. UB 8012 – auch geb.

Deutsche Kunstmärchen von Wieland bis Hofmannsthal. 678 S. UB 8440

Deutsche Naturlyrik. 539 S. Geb.

Deutsche Unsinnspoesie. 447 S. 117 Abb. UB 9890

Diese Rose pflück ich Dir. Die schönsten Rosengedichte. 133 S. UB 18101

Engel. Gedichte aus allen Sphären. 143 S. UB 18138

»Es schlug mein Herz«. Deutsche Liebeslyrik. 471 S. UB 18430

Feuer, Wasser, Luft & Erde. Die Poesie der Elemente. 182 S. UB 18246

Frühlingsgedichte. 85 S. UB 18104

Fünfzig Balladen. 176 S. UB 18234

Fünfzig erotische Gedichte. 117 S. UB 18070

Fünfzig Kindergedichte. 96 S. UB 18071

Fünfzig Liebesgedichte. 101 S. UB 18008

Gedichte der Romantik. 532 S. UB 8230 – auch geb.

Gedichte des Expressionismus. 261 S. UB 8726

Großstadtlyrik. 413 S. UB 9639

Herbstgedichte. 86 S. UB 18106

Jahrhundertchronik. Deutsche Erzählungen des 20. Jahrhunderts. 635 S. Geb.

Jahrhundertgedächtnis. Deutsche Lyrik im 20. Jahrhundert. 469 S. UB 9742 – auch geb.

Lustige Lyrik. Fünfzig komische Gedichte. 112 S. UB 18252

Das Meer. Gedichte. 133 S. UB 18302

Die Nacht. Gedichte. 101 S. UB 18300

Poetische Sprachspiele. Vom Mittelalter bis zur Gegenwart. 430 S. UB 18238

Schläft ein Lied in allen Dingen. Naturlyrik. 160 S. UB 18254

Sommergedichte. 88 S. UB 18105

Wieder gesund! Heilsame Geschichten. 192 S. UB 18092

Wintergedichte. 87 S. UB 18107

Philipp Reclam jun. Stuttgart